LE MAL D'ENFANCE

DU MÊME AUTEUR
CHEZ POCKET

LES ENFANTS DE LA VIOLENCE
MOURIR À DIX ANS
NOS ENFANTS FACE À LA DROGUE

CLAUDE COUDERC

LE MAL D'ENFANCE

récit

FIXOT

ISBN : 2-266-05308-6

A Jacqueline, à Guy.
A tous mes frères et sœurs
pour l'espoir et l'amour
sauvegardés.

Le réel quelques fois désaltère l'espérance. C'est pourquoi entre toute attente l'espérance survit...

René Char

Je n'ai plus peur de ton visage gris, de ce souffle rauque, de ce sifflement qui te déchire la poitrine. Je n'ai plus peur de cette odeur de mort qui sort de toi.

Va... il te faut partir. Ne souffre plus. Tes mains marbrées sont crispées au drap rêche qui te recouvre. Quelques spasmes sillonnent les plis réguliers de tes paupières pâles. Ils rappellent le peu de vie qui reste en toi.

La chambre est paisible. Un rai de lumière perce les lamelles bleutées du store vénitien qui retient ce soleil d'hiver étrangement chaud en ce mois de février, au bord de la Méditerranée. Dehors, les amandiers ont pris de l'avance.

Et toi, tu es là en souffrance depuis trois jours avec cette respiration saccadée qui creuse tragiquement ton visage. Je passe le gant de toilette inondé de lavande sur ton front glacé et tes tempes brûlées par les rayons. Tu bouges la main un instant. Je t'appelle une nouvelle fois. Je me tourne sans crainte vers ta douleur. J'ai envie de croire que tu m'entends, que tu me sais près de toi... La maladie ne s'attendait pas à trouver autant de résistance. Elle ne sait pas tout de toi. Elle ne sait pas ta force.

A deux pas de la mort, la vie en rajoute en gaieté, en ciel azuré, en odeurs marines. Comme elles font mal, ces senteurs ensoleillées, comme il est insupportable le frémissement des larges feuilles du figuier centenaire, qui décline paresseusement son ombre massive sur le bord de la fenêtre.

Des enfants jouent dans la cour de l'hôpital. Leurs cris, leurs rires se mêlent au concert chaotique des oiseaux qui n'en finissent plus de se réjouir de cette douceur printanière inattendue. Des odeurs de pins et de résine entêtent. Comme elle sait se faire cruelle la vie en étant belle...

Je soulève légèrement le drap qui te recouvre. Tu as encore une épaule dorée de jeune fille. Elle est lisse, ronde, pleine. Il n'y a pas une seule ride sur ton visage. Quelques fils argentés serpentent dans ta belle chevelure blonde qui mettait si bien en valeur l'ovale parfait de ton visage.

Et puis à nouveau ce souffle encombré qui te prend la vie progressivement. Je voudrais avoir la certitude que ces quelques gouttes d'eau que j'infuse avec une compresse sur tes lèvres craquelées par la fièvre te font du bien...

Quelques pas dans le couloir. D'autres gémissements ailleurs. L'infirmière ouvre la porte. Elle se déplace dans un frôlement léger, lointain. Méthodique, elle vérifie le goutte-à-goutte et ton pouls. Elle prend ta tension artérielle une nouvelle fois.

– Elle descend. Elle n'a plus que sept ! dit-elle d'une voix extrêmement douce.

Elle entrouvre la fenêtre et ajoute avec une sincère compassion :

– La pauvre... comme elle lutte. Je me suis absentée deux jours, je ne pensais pas la retrouver.

Elle pose sa main noueuse sur mon épaule et demande :

– Vous êtes son fils ?

– Oui.

Ai-je conscience à cet instant, en répondant par l'affirmative, de travestir la réalité ? Ce oui, tellement inscrit dans mon enfance, a jailli de moi sans retenue.

Un peu plus tard, assoupi sur une banquette, je tente d'oublier la mort qui t'accompagne. L'infirmière vient régulièrement me donner de tes nouvelles.

– Votre mère respire plus calmement.

Je ne parviens pas à lui avouer que tu n'es pas ma mère, que cette femme dans la souffrance, c'est toi, ma sœur, ma grande sœur, dont j'ai tant reçu.

Il est une heure du matin. Je reviens dans la chambre. Je prends ta main si lourde, si gonflée. Tu happes l'air autour de toi. Des heures et des heures... des jours et des jours que tu t'éloignes ainsi. Ton œil gauche est resté grand ouvert. On dirait qu'il accuse la vie. Ton visage si crispé à présent pourrait être effrayant. Il me bouleverse.

Tu es si longue à mourir. Tu es si fatiguée... Va! Pars... ne résiste plus. Va, je suis là maintenant. Laisse-moi t'accompagner!

Une nouvelle fois je caresse ton visage si froid. Tes lèvres tremblent. Je les mouille encore un peu. Geste dérisoire, sans espoir. Je reprends ma place sur la chaise près de la fenêtre. Je te regarde, grande sœur. La nuit pose fébrilement son flot de souvenirs...

Tu es si longue à mourir. [illegible] l'ai-
me [illegible] plus [illegible] je suis là maintenant [illegible]
l'accompagne.

Une nouvelle fois je caresse ton visage si froid. Tes lèvres tremblent; je les mouille encore un peu. C'est difficile, sans espoir. Je reprends une place sur la chaise près de la fenêtre. Je te regarde grande sœur. La nuit passe faiblement son fil de souvenirs...

1

Il est chaud ce mois de juillet 1956! Dans la cuve rectangulaire du bac à lessive en ciment, près du cabanon, le Petit a trouvé un peu de douceur. Sa tête dépasse du pan incliné sur lequel les femmes déposent les lourdes lessiveuses en fer étamé. Il a enlevé sa chemisette à carreaux bleus et rouges décolorés, au col élimé. Les bretelles de son pantalon court, croisées dans le dos, ont laissé une empreinte blanche sur sa peau. Il se tasse un peu sur lui-même et colle ses maigres omoplates sur la paroi fraîche de la cuve. Il n'est pas bien épais, le Petit. Ses genoux cagneux, ses bras frêles, les côtes saillantes de sa poitrine témoignent de carences évidentes dans sa croissance. D'ailleurs les copains ne se privent pas pour lui lancer fréquemment :

– T'es vachement rachitique!

Ils ne savent pas forcément qu'on ne mange pas tous les jours à sa faim à la maison. « Et tout compte fait, se dit l'enfant, c'est mieux que les copains ne soient pas là. » Ils sont tous partis en colo après le 14 Juillet. Comme ça, ils ne le voient pas s'impatienter, sursauter à chaque bruit de voiture. Mais faut dire qu'il n'en passe pas beaucoup sur le chemin vicinal numéro 108, où habite toute la famille. Il n'a pas envie qu'on le regarde, tout à l'heure, pleurer de joie. Car c'est sûr, il ne pourra pas les retenir ses larmes quand il la verra arriver, tellement élégante dans une robe d'été, ses longs cheveux blonds pris dans un foulard de soie, le visage magnifiquement hâlé...

Il l'attend depuis le matin, très tôt. Il sait pourtant que ce n'est peut-être pas pour aujourd'hui. C'est si loin l'Afrique du Nord. Il faut du temps pour venir de là-bas.

Il l'attend pourtant comme un oncle d'Amérique, cette grande sœur qui vit de l'autre côté de la mer, en Algérie...

Un coup de klaxon, il bondit de son abri et court nu-pieds jusqu'au portail de la Villa des Mimosas. La voiture ne s'est pas arrêtée. Seul un chien dans la rue, exténué de fatigue, se glisse, la langue pendante, sous une brouette maculée de marc de raisin.

Le soleil brûle le crépi de la maison. Drôle de maison, cette Villa des Mimosas. En façade, une tourelle au toit octogonal s'élève au-dessus de deux corps de bâtiments reliés entre eux par une large tonnelle sur laquelle serpente une végétation verdoyante, enchevêtrée à une lourde treille de raisins verts. Deux balcons à l'italienne, l'un ventru et l'autre parfaitement rectiligne, donnent avec les longues persiennes un charme certain à la maison. Sur l'avant, sans aucun doute, elle fait illusion. Ce premier corps de bâtiment en rejoint un deuxième à l'arrière, à une cinquantaine de mètres de là. On y accède par un couloir, toujours frais en été, et particulièrement effrayant pour les enfants en hiver, car personne n'a jamais songé à installer une minuterie. Sur les murs lépreux sont accrochées une dizaine de boîtes aux lettres, rouillées, aux portes tordues. C'est à peine si on peut y lire les noms des locataires. Elles sont en permanence encombrées de ce qu'on appelle, dans ces années-là, de la réclame...

Malgré les seaux d'eau réguliers de la mère Contini, rien n'y fait, ce couloir sent toujours la pisse de chat.

Le Petit reste ainsi à l'affût jusqu'à la fin de la journée. Il finit par s'installer sur le muret qui clôture la cour, face aux deux cabanons, transformés en cabinets à la turque, dotés de deux vieux arrosoirs rouillés qu'il faut sans cesse remplir au puits de la Villa.

Le jour décline lentement. L'horizon est tout à fait barbouillé de rouge. En traînant les pieds, l'enfant s'engage dans le couloir gris qui conduit dans le deuxième bâtiment, où vivent trois autres familles.

Dans la cage d'escalier aux marches en ciment, il reconnaît la voix de sa mère. Elle crie. Un instant, il pense redescendre. Il marque un temps devant une porte. Il entend à la radio la voix du speaker de l'émission « Les maîtres du mystère ». Il sait toute la famille de ses voisins agglutinée autour du poste. Sauf Vivi, bien sûr, sa fiancée, qu'il surnomme la Cigale. Elle est en vacances chez sa tante à Vendargues, un bled vachement loin. Le Petit entre enfin chez lui.

– Où tu étais ?

Maman a sa mauvaise voix. Il n'aime pas quand elle parle ainsi. Il ne la reconnaît pas. Il a peur de cette voix.

– Où tu étais ? T'as pas été chez Barbier !

L'enfant fait non de la tête. Barbier, c'est l'épicier du coin.

– Il n'y aura rien à manger alors ! J'ai pas reçu le mandat de ton frère.

Le Petit reste figé sur le pas de la porte. Sa mère est visiblement hors d'elle. Les cheveux ébouriffés, les yeux exorbités, elle est en proie à une grande agitation.

« Quelquefois, pense l'enfant, on dirait que maman est folle... »

Il découvre soudain qu'elle tient à la main une hachette. Il prend peur et se glisse précipitamment sous la grande table de la cuisine.

– Pourquoi tu n'y as pas été, hein ? Pourquoi ?

L'enfant se tasse sur lui-même, la tête enfoncée dans les épaules.

– Et qu'est-ce que t'as fait du mot ?

L'enfant fouille dans sa poche et ressort un billet sur lequel sa mère a écrit d'une main lourde :

« Si possible, pouvez-vous donner au Petit deux kilos de pommes de terre, une douzaine d'œufs et un litre d'huile. J'attends un mandat de mon grand sous peu et je viendrai vous payer aussitôt reçu. En vous remerciant d'avance... »

L'enfant chiffonne le billet et le jette vers sa mère en pleurant.

– Je veux plus y aller, chez Barbier, à crédit... J'ai trop honte, tu comprends... j'ai honte !

Les yeux du Petit sont rivés à la hache que sa mère tient toujours à bout de bras. Elle l'effraie tellement, cette grosse lame grise piquée de rouille. Il y a si souvent des disputes et des bagarres à la maison qu'il craint toujours un drame, un accident...

– Y a pu de gaz ! reprend la mère. Je suis obligée de couper du bois... Allumer du feu en plein mois de juillet... si c'est pas un malheur ça ! Enlève-toi de là-dessous, toi !

Sa voix s'est faite subitement plus douce. Elle remet en place quelques mèches de ses cheveux. L'enfant s'aventure à sortir la tête. Il regarde sa mère qui entaille à même le sol de la cuisine une grosse bûche. Le ciment est très largement entamé. Il y a par endroits de vrais trous d'une dizaine de centimètres de large. « Un de ces jours, on va passer chez les voisins du dessous », se dit le Petit.

C'en est fini à présent de la colère. La mère vient de s'asseoir sur un vieux fauteuil près de la grosse cuisinière. Elle pleure doucement.

– Viens là, ma Perle...

L'enfant s'approche et se glisse entre les genoux de sa mère. « Ma Perle »... c'est ainsi qu'elle l'appelle dans ses moments de tendresse. Et ils sont fréquents ces moments... La maman du Petit n'est pas une mauvaise femme. Bien au contraire. Si elle a souvent « ses nerfs », c'est parce que la vie est trop dure, trop injuste.

A présent, elle chantonne à son oreille. L'enfant glisse un morceau de bois dans la gueule de la vieille cuisinière. Il se consume dans une gerbe d'étincelles qui l'oblige à cligner des yeux.

– Ta sœur va arriver demain... t'es content?

Elle passe sa main dans la tignasse bouclée de l'enfant, qui acquiesce de la tête.

– Quelle tristesse de la recevoir comme ça, sans rien...

– T'en fais pas, maman... elle t'en donnera des sous, Hélène.

La mère a un petit sourire qui se crispe aussitôt.

– Tu as entendu? Quelqu'un a crié...

Elle ouvre précipitamment la porte. Cette fois, pas de doute, c'est bien la voix de la grosse madame Contini qui appelle. Le Petit se tasse dans le fauteuil qu'occupait sa mère. Il devine maintenant ce qui va se passer. La voix perçante de la voisine lance à nouveau :

– Madame Jeanne, votre mari... Y faut venir! Y peut pas monter, faut venir l'aider!

– J'arrive...

Le Petit ferme les yeux et soupire. Il sait que son père est affalé en bas dans l'escalier, dans l'impossibilité de se relever. C'est là qu'il flanche tout le temps.

Cassé sur lui-même, les jambes emmêlées, le père cherche sa canne dans la pénombre. Depuis un accident de motocyclette, il est affublé d'une légère claudication qui l'oblige à se tenir raide. A jeun, l'homme a encore une certaine prestance. Soigneusement cravaté, il tente, même les jours d'alcool, de sauvegarder un peu de dignité jusqu'au bas de l'escalier. Il vient d'agripper d'une main hésitante la rampe froide et tente de se déployer en prenant appui sur sa jambe valide. Il retombe lourdement sur le cul, au moment où sa femme s'apprête à l'empoigner sous les aisselles. Il empeste l'anis et le tabac. Il se débat, repoussant toute aide. Méchamment, il maugrée :

– Qu'est-ce que tu fous ? Tu ne vois pas que mes pauvres jambes ne me tiennent plus ?

– C'est le pastis que tu tiens plus... mais quand, bou diou, tu vas t'arrêter ? Tu vas me faire devenir chèvre !

– Mais je n'ai presque rien bu..., se défend le père. Puis, dans un sursaut menaçant, il lance :

– Que je retrouve mes jambes et je t'en fous une... tu vas voir !

La mère se tait. Elle connaît la violence de son homme.

Marche après marche, enlacés l'un à l'autre, ils parviennent sur le palier. Le Petit est sur le pas de la porte. Il voudrait que l'image de ce père vacillant, misérable, provoque en lui haine et colère. Il n'éprouve qu'une grande tristesse. Il sent venir les larmes. Il aimerait se délivrer de cette boule dans la gorge. Elle est si grosse. Elle fait si mal. Il s'approche de son père qui titube, veut lui prendre la main. L'homme l'écarte, agacé, avec sa canne.

– T'es pas encore couché, toi !

Il n'y a aucune méchanceté en lui. Le peu de lucidité qu'il possède encore indique qu'il a bien conscience de son état pitoyable et le regard de l'enfant est difficile à supporter.

Il entre péniblement dans la cuisine. Il s'appuie au rebord du buffet en formica pour se déplacer. La mère le soutient toujours par un bras.

– Elle n'est pas encore arrivée, la princesse d'Afrique ? interroge-t-il, sarcastique.

– Heureusement ! répond la mère, en déposant son mari dans le vieux fauteuil.

– Pourquoi heureusement ? Je vous fais honte, hein ?

Il tente de se lever pour frapper, mais la force lui manque.

– Tu vas tomber ! hurle la mère.

Il se rattrape *in extremis* à la nappe en plastique de la table et se laisse aller lourdement dans le fauteuil sans âge. Il reste un instant les bras ballants, l'œil hagard. Il tourne enfin la tête vers le Petit, passe un doigt dans le col immaculé de sa chemise et ajoute d'une voix cassée :

– Ils sont où, les autres gamins?

La mère s'apprête à faire chauffer un fond de café bien noir sur la cuisinière, qui ronronne à présent. Elle répond, sans se retourner :

– Francine et Paul sont dans leur chambre... les grands sont sortis...

Le père se redresse légèrement sur un coude et cherche à retrouver un peu de vivacité.

– Sortis? Avec quel argent?

– Ils se débrouillent, eux... Ils sont majeurs. Ils n'ont pas de comptes à te rendre.

De la pointe d'un couteau, la mère gratte avec minutie quelques traînées de margarine accrochées à un emballage graisseux. Elle frotte le peu de matière grasse récupéré sur le bord d'une petite poêle au cul noir de suie. Le père tente de se libérer de l'étreinte des lacets de ses chaussures. Il relève la tête et lance entre les dents :

– Tu parles comme ils se débrouillent... C'est en prison qu'ils vont se débrouiller si ça continue... Surtout ton Fredo! C'est un vrai voyou celui-là!

– C'est pas ce que tu dis quand il nous ramène des sacs de pommes de terre ou des boîtes de biscuits! Tu ne demandes pas d'où ça vient!

La mère désépaissit à présent dans un bol, avec un peu d'eau, une poignée de farine qu'elle fait glisser aussitôt dans la poêle.

Le Petit s'est assis devant la table de la cuisine. De la pointe de son ongle, il dessine des arabesques sur la toile cirée grasse. Le père se retourne dans sa direction. Sa tête dodeline. Il cherche une attitude, ne parvient pas à se ressaisir, et bafouille, sans colère cependant :

– Va te coucher toi, à la fin! Allez, va, Petit!

– Il n'a pas mangé, rétorque la mère.

Figée devant le bac à vaisselle, l'air soudain très découragé, elle ajoute :

– Il n'y a rien à manger... C'est fini le crédit! Il me reste juste de quoi lui faire quelques oreillettes...

– Qui dort... dîne! Va te coucher, reprend le père.

Cette fois le ton n'est plus le même. Le Petit prend peur. Il traverse la pièce en courant et rejoint la chambre des garçons. Une monumentale armoire, à la glace piquée, deux grands lits vétustes et un plus étroit constituent l'essentiel du mobilier. Deux chaises au cannage défoncé servent également de porte-vêtements. Une grande fenêtre très haute donne sur la cour, juste au-dessus de la fosse d'aisances. L'été, par les grosses chaleurs, les odeurs nauséabondes remontent jusqu'au premier et cela devient vite intenable.

Le Petit s'installe sur le grand lit recouvert d'une gigantesque couverture militaire qui gratte la peau. Il feuillette machinalement un illustré. Cela fait bien une centaine de fois qu'il relit ce vieux « Bibi Fricotin » aux dessins délavés par le temps. Les moustiques virevoltent en grande quantité autour de la lampe de chevet, une vieille bouteille de vin italien emmaillotée dans un corset de paille tressée.

Aux premiers bruits de vaisselle cassée, le Petit jette son livre sur le parquet recouvert d'un vieux linoléum vert, usé jusqu'à la corde... Il éteint la lumière et glisse sa tête sous le traversin qui sent la plume et la poussière. Il voudrait ne plus entendre les cris, les insultes, les coups échangés, les gémissements de sa mère. C'est toujours ainsi que les choses se passent quand les grands ne sont pas là. Le père en profite pour boire, frapper, crier. Le Petit s'en veut de ne pas avoir le courage d'intervenir.

Peu à peu le silence revient. L'enfant s'ébroue lentement de dessous la couverture. Il est trempé de transpiration. Il se lève, se dirige vers la fenêtre et ouvre les longs volets gris, restés en clef toute la journée à cause de la chaleur.

La nuit est généreusement étoilée. Elle est pleine d'odeurs mélangées d'aubépines et de roses blanches. Les grillons s'en donnent à cœur joie. La lune, magnifiquement jaune, s'est accrochée à la tourelle de la Villa des Mimosas. C'est fou comme ça clignote dans le ciel. L'air est soyeux, poudré de parfums fragiles. L'enfant se penche sur le rebord de la fenêtre encore tiède du soleil de l'après-midi et, le menton entre les mains, contemple, émerveillé, l'univers. Il fixe longuement son attention sur ces millions de paillettes phosphorescentes qui font la fête dans ses yeux. C'en est vraiment fini des cris, de l'alcool méchant de son père.

Comme d'habitude, il va passer un long moment à chercher la Grande Ourse et la Petite Ourse, cette famille de la constellation, si paisible, tellement sécurisante.

« Tout est si simple soudain, se dit l'enfant. Et puis

demain c'est sûr! elle sera là... Elle sera là, ma sœur qui revient des colonies... »

Ces gémissements n'ont rien à voir, cette fois, avec ceux de la douleur. L'enfant en connaît bien la nature. Il sait qu'ils marquent la réconciliation entre son père et sa mère. Il a beau enfouir sa tête dans le traversin et comprimer fortement ses oreilles des deux mains, rien n'y fait. Il entend tout, il devine tout. Ces gémissements, ces soupirs, il les supporte encore moins que les autres... ceux qui suivent les coups. Ils lui font encore plus peur.

Il mord nerveusement la couverture militaire dans laquelle il s'est enroulé, se recroqueville sur lui-même en position fœtale et gémit :

– Arrêtez... arrêtez ça!

Son visage est en feu. Il voudrait crier, frapper contre le mur, mais la honte le cloue au sommier. Il serre ses mâchoires, comprime ses lèvres pour retenir la terrible nausée qui monte en lui. A peine perceptible, comme une plainte, entre deux sanglots, il laisse échapper :

– Non! non, maman...

Les copains pourtant lui avaient bien dit :

– Qu'est-ce que tu crois? Les parents aussi, ça fait l'amour!

Il y a bien longtemps que les plus délurés, goguenards, railleurs, lui ont tout raconté sur le sujet. Il se souvient très bien dans quelles circonstances ce grand échalas de Negroni, qui n'a pas la langue dans sa poche, a expliqué le mystère de la vie et de l'amour. C'était il y a deux ans, aux premiers jours de la rentrée en primaire.

Le dadais a réuni son petit monde sous le préau, près des cabinets des maîtres : cinq élèves en blouses grises de la classe du père Molle. En arc de cercle, jambes croisées sur le ciment froid, ils écoutent, les yeux écarquillés, ce savant au nez en trompette et à la boule à zéro, conséquence d'une occupation aussi abondante qu'affectueuse d'un régiment de poux. Tout de go, il lance aux petits camarades :

– C'est pas compliqué... quand on fait l'amour, on met le zizi dans le zaza...

Joignant le geste à la parole, il forme une circonférence avec le pouce et l'index de sa main gauche dans laquelle il introduit l'index de sa main droite.

– Il faut que le zizi, il entre et sorte... Il faut qu'il soit dur, sinon ça ne marche pas! Mais quand on a envie de faire l'amour, il est forcément dur!

Ce cours d'éducation sexuelle se fait avec une certaine gravité. Le Petit sent son cœur battre très vite dans sa poitrine. Il sait maintenant que cette rigidité du matin indique son désir inavouable. La nouvelle l'impressionne terriblement. Il pense aussitôt à Vivi, sa petite fiancée, mais il ne se voit pas lui demander de mettre le zizi dans le zaza chaque fois qu'il va sentir cette raideur qui le trouble tant.

– C'est pas tout, indique Negroni, avec un air de grand conspirateur.

Le groupe se resserre instinctivement autour de lui.

– Quand on fait l'amour, il faut frotter les nichons de la fille...

– Et si elle en a pas? fait remarquer le plus jeune de la bande.

– Eh bé, tu lui frottes le cul! s'esclaffe Negroni.

Le Petit, lui, n'a pas envie de rire. Il sait intuitivement que l'amour, ce n'est pas ça! Il sait que ces histoires-là sont souvent tristes. Il l'a découvert dans les romans-photos qui traînent chez la grosse mère Contini et il l'a vu aussi au cinéma. S'il se complaît longuement aux embrassades de ses héros, il ne peut tolérer une seule image en lui de son père et de sa mère enlacés. Il ne comprend pas pourquoi c'est si beau, Vivien Leigh dans les bras de Clark Gable, et pourquoi c'est tellement effrayant, répugnant, d'imaginer les étreintes des parents. Ils sont merveilleux, Scarlett et le capitaine Butler, qu'il a vus si souvent au ciné du patronage. Et puis Clark Gable ressemble au frère aîné, celui qui envoie tous les mois le mandat d'Indochine tant attendu par la famille. Et le Petit n'en finit plus de faire défiler au ralenti dans sa tête les plus belles scènes d'*Autant en emporte le vent.*

Alors comment peut-il rivaliser, ce couple d'à côté, qui s'ébat tristement, brutalement, derrière le mur à la tapisserie moisie? Comment deviner de la tendresse dans ce père tout en violence? Comment évoquer de la passion dans cette mère soumise, fatiguée, battue? « Se sont-ils vraiment aimés un jour? » se demande l'enfant.

2

A dix-huit ans, Jeanne est une jeune provinciale. Elle est jolie. Réservée. Sans être véritablement coquette, elle est très soucieuse de son maintien. Elle a une grâce naturelle qui fait qu'on la remarque. L'ovale de son visage se décline tout en douceur. La grande sœur d'Algérie héritera de l'originalité des traits maternels.

Quelque chose dans l'expression de son regard semble attacher encore Jeanne à l'adolescence. L'accent régulier et délicat de ses sourcils met en valeur ses grands yeux gris, qu'elle tient souvent mi-clos comme si trop de lumière, trop de vie les aveuglait.

Jeanne ne s'exprime pas facilement. Elle est timide, lointaine. Il y a beaucoup de silence en elle, de nonchalance aussi peut-être. Elle ne sait pas trop s'opposer à la forte personnalité de sa mère. Il n'y a pas vraiment de conflit entre elles, il n'y a que de la retenue et un peu trop de bonnes manières.

Elle y tient beaucoup, aux bonnes manières, madame mère. Elle a grand plaisir à exhiber sa fille dans les salons de thé où il faut se montrer. A cette époque, les villes de province veulent tout à la fois s'adapter, imiter et prendre le contre-pied du début des Années folles. Tout ce qui vient de Paris, tout ce qui est dans l'air du temps – spectacles, revues nègres, fox-trot, délires Dada, exubérance des surréalistes, insolences de la mode garçonne –, se commente passionnément chez elle comme dans toute la bourgeoisie de la ville de Pau.

Jeanne rêvasse en feuilletant *Le Petit Écho de la Mode* ou *L'Illustration.* Elle a quitté l'école à seize ans pour devenir apprentie chez une ancienne « Petite main » du grand couturier parisien Paul Poiret. Si, au milieu des midinettes paloises, Jeanne, par son maintien, est différente, elle se sent proche, néanmoins, de ces demoiselles qui papotent joyeusement, entre dentelles et patrons en papier gaufré sur lesquels elles découpent l'étoffe des ouvrages de couture. L'atelier ressemble à une volière. On n'y parle que de petites amourettes et des rencontres du dimanche après-midi au parc municipal, près du kiosque à musique où l'orphéon se donne à pleins poumons.

– Les préoccupations de ces jeunes filles sont un peu sottes, commente sévèrement madame mère.

Puis, subitement magnanime, elle ajoute, en remettant en place la barrette d'écaille qui retient un cran de ses cheveux gris :

– Il faut bien que jeunesse se passe...

Il est vrai que l'univers culturel de ces apprenties couturières n'est pas bien conséquent et n'invite guère Jeanne à la réflexion, à l'échange, à la compréhension de son époque et de la vie. Madame mère en est toute désolée. Pour la jeune fille, comme pour beaucoup de gens, ces années 20 marquent l'époque de l'insouciance et des plaisirs. Le monde n'a pas le temps de s'apitoyer sur la famine en Russie, qui tue des milliers d'hommes, de femmes et d'enfants. La France est à peine plus préoccupée par l'avènement du nouveau ministère, présidé par Raymond Poincaré, qui succède à Aristide Briand. Le succès de Lucien Guitry dans *Le Misanthrope*, à la Comédie-Française, suscite plus de passion, pour le troisième centenaire de la naissance de Molière.

– Dommage que nous ne soyons pas à Paris... Je t'aurais amenée au Français..., se désole madame mère.

Elle se veut de son temps. C'est une grande admiratrice du compositeur Gabriel Fauré.

Elle se tient près de la cheminée de marbre blanc, dans le salon au mobilier en bois d'acajou. Deux gros fauteuils de cuir fauve, en forme de grandes coquilles, un guéridon garni de feuilles d'argent, contrastent étrangement avec la lourde table conique qui trône au centre de la pièce et sur laquelle repose une coupe de cristal de Bohême aux anses délicatement ouvragées. Le choix de ces meubles marque le souci de modernité de la maîtresse de maison.

Madame mère prend place dans un des fauteuils coquille. Elle tient à la main la dernière édition de

L'Illustration. D'une voix très affectée, elle rend compte à sa fille de la grande manifestation qui se prépare en l'honneur de l'auteur de *Pelléas et Mélisande*.

– Cet homme est tellement délicat, dit-elle. C'est un génie.

Elle met en place sur son nez une paire de lorgnons cerclés d'argent et lit, d'un air très pincé :

« Un comité d'honneur à la tête duquel s'est placé monsieur Millerand, président de la République, réunit également les noms du maréchal Pétain, de Raymond Poincaré. Un festival des œuvres du maître sera donné au grand amphithéâtre de la Sorbonne le 20 juin... »

Elle repose son journal sur les genoux, retire ses lorgnons d'un geste las et soupire.

– Je me désolerai toujours, ma pauvre fille, que tu aies renoncé au piano. J'aurais tellement aimé te voir interpréter les nocturnes de Fauré !

Jeanne, près des lourds rideaux rouges de la fenêtre, ne réagit pas. Elle observe un couple très élégant qui traverse la rue pour grimper dans une magnifique Hispano-Suiza aux chromes étincelants.

Sa mère se lève et lui tend *L'Illustration*. A la façon qu'elle a d'imposer le journal à sa fille, on devine qu'elle force une fois de plus son éducation. Elle ne trouve pas suffisamment de curiosité, de vivacité en elle.

– Allons, Jeanne... intéresse-toi !

Il y a un peu d'exaspération dans le ton. Jeanne a bien conscience de ne pas répondre aux attentes de sa mère. Elle feuillette le journal en forçant son attention, pour faire plaisir à maman. Les quelques photographies sépia du voyage du président de la République au Maroc ne la passionnent pas vraiment.

Un instant, elle tente de deviner les traits du fils du Sultan, qui a pris place, entre le président et le maréchal Lyautey, dans l'automobile officielle entrant à Marrakech. Elle s'attarde un peu plus longtemps sur la photo du Pacha El Glaoui, au bord de la route de Casablanca, et détaille avec un drôle d'air le parcours du cortège officiel sur le boulevard du Quatrième-Zouave, élargi par la démolition d'une partie des anciens remparts. Au-delà du front de mer mouillent le cuirassé *Edgar-Quinet* et les croiseurs d'escorte le *Strasbourg* et le *Metz*.

A-t-elle le pressentiment, à cet instant, que le destin lui donnera rendez-vous dans cette ville ? Elle ne peut évidemment pas deviner que quelques années plus tard, en mars 1929, elle partagera la vie de son mari, employé en qualité de gérant de la Grande Pharmacie de Casablanca. Elle ne sait pas encore qu'elle donnera naissance à son deuxième enfant, une fille, Hélène, celle qui sera tant attendue, près de trente ans plus tard, par ce gamin maigrichon à la peau tannée par le soleil et qui se désespère de ne pas voir arriver cette grande sœur d'Afrique du Nord...

3

L'enfant traverse la cour écrasée par une forte lumière blanche. Le soleil a fait éclater la terre tout autour des cabanons qui servent d'abri, de jardin et de caves. Elle s'est effritée, recroquevillée sur elle-même comme des écorces d'oranges sèches qui se transforment en poussière dès qu'on met le pied dessus.

L'éclat du ciel blesse les yeux. L'air pique la gorge. Il est violemment midi.

Respirer contracte terriblement le thorax et le ventre. Le soleil brûle sans pitié tout ce qu'il touche. Les larges feuilles du figuier, près des cabinets, sont toutes plissées, rongées, torsadées...

A travers la semelle de corde de ses sandalettes, le Petit sent la chaleur du ciment, près de la cuve du lavoir. Il traverse la cour à grandes enjambées, comme il l'aurait fait un jour d'orage. Il pense ainsi éviter la morsure des rayons qui s'attaquent sauvagement à tout ce qui passe, à tous ceux qui ont l'audace de pointer leur nez dehors.

Les bruissements des moucherons se sont tus. Les grosses araignées d'été ont plié leurs toiles en toute hâte. Sur le séchoir à linge, près des acacias aux épines brûlées, une paire de draps blancs donnent l'impression d'être pétrifiés dans l'air chaud. Pas un souffle ne les agite. Ils sont posés sur la corde, tendus comme deux paravents incongrus dans un jardin sauvage entouré de broussailles sèches qui ne demandent qu'à s'enflammer.

Le Petit se plaque un instant face au soleil, contre le mur juste au-dessous de sa chambre aux volets en clef. Il veut tester sa capacité de résistance à la chaleur. Il compte, les dents serrées, en pensant faire mieux que la dernière fois, où il a frôlé l'insolation. Ainsi pense-t-il dompter le soleil. Cinq, six, vingt, trente secondes s'écoulent. La voix de sa mère l'arrache soudain à son expérience.

– La Perle! Il y a un télégramme d'Algérie...

L'enfant se précipite aussitôt à l'intérieur de la maison. La mère tient le papier bleu à la main. Le Petit tente de déchiffrer, par-dessus son épaule, les lettres alignées avec application sur le ruban blanc du télégramme, qui explique le retard de la grande sœur.

– C'est à cause des événements à Alger, explique la mère.

Elle le regarde d'un air désolé.

– Le bateau est resté à quai. Elle n'a pas pu embarquer, tu comprends?

Non! il ne comprend pas, l'enfant... Il ne veut pas comprendre, il l'a trop attendue. Il se contient pour ne pas laisser couler ses larmes.

– Quels événements? finit-il par demander.

– Tu sais bien... c'est la guerre en Algérie. Enfin, c'est comme la guerre... Surtout dans le bled. Les Français sont attaqués par les fellaghas...

– C'est quoi, les fellaghas? interroge le Petit qui a entendu plusieurs fois ce mot au bulletin de la radio sur Paris-Inter, sans bien comprendre.

La mère, guère plus informée, tente d'expliquer ce qui se passe là-bas, en Afrique du Nord.

– C'est des rebelles qui veulent faire partir tous les Français. Ils veulent l'indépendance. Mais le général de Gaulle a dit que l'Algérie, c'est comme la France...

Le Petit voudrait bien comprendre également ce que cela veut dire l'indépendance, mais il manifeste soudain une véritable inquiétude au sujet de sa sœur.

– C'est pas dangereux pour elle? Elle risque pas de se faire tuer au moins?

– Que tu es bête... Bien sûr que non, elle risque rien. Pas à l'hôpital où elle travaille. Les fellaghas font pas la guerre aux infirmières, quand même!

L'enfant regarde sa mère avec perplexité. Il la trouve trop souriante pour parler de ces événements.. Mais il se refuse à poser plus de questions pour éviter d'augmenter son inquiétude. Tout ce qu'il veut savoir à présent, c'est quand elle sera là, cette grande sœur.

– Je suis sûre qu'elle sera à la maison la semaine prochaine, ajoute la mère, qui sait l'angoisse du Petit.

– Tu dis ça pour me faire plaisir, répond l'enfant, entre les larmes et la colère.

Ils sont sur le palier du grand escalier de la Villa des Mimosas. Au rez-de-chaussée, la grosse madame Contini n'en finit plus, à grands coups de serpillière, d'inonder le couloir d'eau de Javel. Elle peste contre les crottes de chat et les gosses de l'étage qui ne respectent rien.

Le Petit se tient cramponné à la balustrade en fer de la cage d'escalier. Il aime sentir sous ses doigts l'aspérité du métal froid qui colle à la peau.

Elle est si longue à venir cette grande sœur. « Et si elle ne venait pas du tout ? » se demande-t-il.

Il penche sa tête par-dessus la rampe et murmure pour lui-même :

– Si elle ne vient pas, je le jure, je me jette dans le vide.

Il grimpe à califourchon sur la balustrade comme s'il cherchait à se tester. Une jambe pendante à l'extérieur de la cage d'escalier, l'autre en léger appui sur une marche, les bras allongés, les mains croisées et crispées sur la barre de fer, il se laisse glisser progressivement jusqu'en bas.

– Arrête! hurle la mère. Tu finiras par te rompre les os!

– J'ai l'habitude, Mamoune!

Mamoune, c'est ainsi qu'il appelle tendrement sa mère.

Il remonte aussitôt les marches deux par deux. La mère vient d'enfouir le télégramme dans une poche de son tablier gris et glisse presque simultanément sa main sous son aisselle droite, d'où elle extrait une enveloppe qu'elle tenait précieusement cachée.

– Il n'y a pas que des mauvaises nouvelles, tu sais!

L'enfant prend place sur la deuxième marche, encore humide. Il jette un coup d'œil sur cette enveloppe blanche entourée de traits rouges et bleus et dont l'inscription « Air Mail », en haut, sur le côté gauche, surmontée de deux ailes bleutées, ne cesse de l'intriguer et de le faire rêver. Il le sait, cette enveloppe ira rejoindre toutes celles qu'il a mises de côté, après que sa mère lui aura fait la lecture de ce nouveau courrier qui vient d'Indochine.

Il sait pourquoi ils sont si brillants, les yeux de maman. De la feuille de papier à lettres, elle sort deux billets de dix mille francs envoyés par Jean, le frère aîné. Ce n'est pas uniquement l'argent qui illumine ses traits, même s'il fait cruellement défaut à la maison. Elle dévore des yeux l'écriture régulière, soignée, de son grand fils. Elle lance d'une voix exaltée :

– Écoute... écoute, il dit que cette fois, il va rentrer définitivement...

Les larmes roulent sur ses joues. Elle lit en hoquetant :

« Je pense pouvoir quitter Saigon dans moins de trois semaines. Il y a bien longtemps que nous n'avons plus rien à faire ici. Nous allons laisser la place aux Américains... »

Le Petit fixe la pointe de sa sandalette, l'air bougon. Il voudrait se réjouir du retour du grand, mais il trouve confusément l'émotion de sa mère excessive. Elle l'irrite et l'attriste en même temps. Il ne peut s'empêcher d'éprouver un sentiment de jalousie à l'égard de cet autre si loin, qu'il ne connaît pas bien, et qui provoque tant d'émoi chez sa mère.

Il est vrai que l'aîné lui a donné bien du souci. Elle l'a cru disparu après le carnage de Diên Biên Phû... mais le Grand était loin du camp retranché, en cette année 54 où 12 000 soldats du corps expéditionnaire sont morts ou ont été faits prisonniers. Le Petit n'a jamais bien compris ce qui se passait là-bas, en Extrême-Orient, et pourquoi l'aîné était resté si longtemps à Saigon dans un emploi administratif au ministère d'Outre-Mer.

Il s'en veut d'éprouver un pareil sentiment de jalousie, mais c'est plus fort que lui. Il se dit qu'étant le dernier de la famille, il veut toute l'attention, tout l'amour de sa mère. « Si elle pleure pour l'aîné, c'est que forcément elle m'aime moins », pense-t-il. Et puis aujourd'hui, il déteste le monde entier, à cause de ce retard de la grande sœur.

Tout à sa réflexion, il se laisse glisser d'une marche à l'autre sur l'escalier frais et descend ainsi sur les fesses jusqu'au rez-de-chaussée. Il ne s'agit pas d'un jeu pour lui, d'autant qu'il se reçoit de plus en plus douloureusement. Il s'impose ainsi une sorte de punition. A cet instant, il se déteste pour son égoïsme, ses mauvaises pensées, sa sensiblerie excessive.

Il heurte les dernières marches avec un claquement sec qui met à rude épreuve le bas de son dos. Il a les cuisses en feu et les larmes aux yeux. Il débouche aux pieds de la mère Contini, le cul endolori, les lèvres pincées, le visage congestionné.

– Mais t'es malade, mon petit..., hurle la femme en levant les bras au ciel...

Malade ? Il le sera dans quelques heures s'il continue à s'exposer ainsi à la morsure du soleil, auquel il vient de lancer un nouveau défi. Les bras en croix, le torse nu, il a repris sa place contre le mur.

– Si je tiens jusqu'à cent, ça veut dire qu'elle arrivera la semaine prochaine... Si je n'y arrive pas, ça veut dire qu'elle ne viendra pas...

Depuis un moment, ses oreilles bourdonnent... Ses yeux brûlent sous les paupières qu'il tient fermées. Des milliers d'aiguillons s'attaquent à son visage. Il ne parvient plus à saliver. Sa bouche est sèche, ses lèvres gonflées. Il faut tenir. Il faut tenir à tout prix.

C'est à soixante-dix qu'il sent le mal au cœur. A quatre-vingts, il se dit qu'il va abandonner. A quatre-vingt-dix, inondé de transpiration, la poitrine brûlante, il est sûr maintenant de détenir son record. A quatre-vingt-quinze, absorbé par sa performance, il n'a pas entendu les pas de son père qui vient vers lui. La gifle qu'il reçoit n'est pas plus violente que celles qu'il encaisse habituellement, mais, étourdi par la chaleur, il se retrouve un genou à terre dans la poussière âcre de la cour. Les yeux mi-clos, il entrevoit son père, dont la silhouette s'est considérablement allongée, en contre-jour dans la lumière métallique de cette journée caniculaire.

– Mais il est complètement fada..., s'écrie l'homme, qui se tient légèrement incliné sur le côté gauche en appui sur sa canne.

Il porte son veston sur un bras. Sa chemise blanche est mouillée jusque dans le dos d'une sudation abondante. Il se raidit, soupire d'impuissance et répète :

– Mais t'es fada, mon pauvre... complètement fada! C'est à l'hôpital que tu veux passer tes vacances!

Puis d'un ton très sec, il ajoute :

– Et qui va payer, abruti, si tu es malade?

Le père s'éloigne en claudiquant. Le Petit se relève lentement. Il prend appui d'une main sur le mur. Il regarde autour de lui. Ses paupières sont lourdes. Il ne parvient pas à ouvrir totalement les yeux. Tout scintille alentour et c'est à peine s'il voit venir vers lui Vivi.

Sa copine est de retour de Vendargues, ce bled paumé où elle a l'habitude de passer les trois premières semaines de juillet.

Le Petit a tout de même vu qu'elle portait sa robe du dimanche, celle qui est plissée avec un gros nœud papillon sur le côté, comme les danseuses de charleston. L'enfant aime bien cette robe. Il a déjà observé qu'elle marque un peu la poitrine naissante de la fillette. Vivi a deux ans de plus que le Petit. Pour lui, elle a les plus beaux yeux noirs de la terre. Il aime bien aussi sa coupe de cheveux à la garçonne, comme cette actrice du cinéma muet, Louise Brooks, dont il a découpé la photo dans le dernier *Cinémonde*. Mais, par-dessus tout, ce qu'il préfère en elle, c'est sa bouche, qu'il a déjà embrassée. Elle sent toujours le chewing-gum, et la petite Vivi, que l'on dit, à la Villa des Mimosas, bien délurée, lui a appris à embrasser. Au début le Petit n'aimait pas trop mettre la langue, il avait peur de s'étouffer. Sa fiancée s'est empressée de le rassurer.

– T'es rouge comme une écrevisse que ça fait peur..., lance la gamine.

– J'ai fait une expérience, répond le garçon.

Intrigué et souriant, il demande :

– Pourquoi t'es pas restée plus longtemps chez ta tante ?

– Elle a la pécolle... la peau du cul qui se décolle, dit la fillette en s'esclaffant.

Elle se tient les deux mains sur les hanches et observe attentivement son ami.

– T'es rouge comme une tomate. On dirait que tu vas exploser, viens à l'ombre, fada...

Elle le prend avec autorité par la main et l'entraîne près du lavoir.

– Non, elle a pas la pécolle, la tante... elle a ses périodes. Ça saigne tellement qu'il faut pas qu'elle bouge, cette grande bringue ! Elle est au lit et c'est l'inondation. C'est comme ça, les femmes, mon petit vieux... Moi aussi, je crois que je vais bientôt les avoir, mes ragnagnas...

Ils se sont installés sur la margelle de la cuve en ciment. L'air est gorgé de poussière.

– Je comprends rien à ce que tu me racontes, dit le Petit.

– Ça m'étonne pas avec le coup de cagnard que tu as pris sur la cougourde !

Elle marque un temps, s'approche un peu plus près et lui lance tout de go :

– Allez, vas-y, embrasse-moi avec la langue !

Le Petit regarde autour de lui, prend une longue inspiration et pose ses lèvres sur celles de sa copine. Il est resté les bras ballants.

La gamine rejette un instant sa tête en arrière et soupire :

– Tu pourrais me serrer, quand même! Et puis on va essayer de tenir le plus longtemps possible.

Le Petit prend une nouvelle inspiration, comme s'il allait procéder à une plongée sous l'eau. Une bonne minute plus tard, ils s'écartent l'un de l'autre, à bout de souffle. Le visage du garçon est cramoisi. Vivi affiche un beau sourire de satisfaction.

– T'as fait des progrès, dit-elle.

Elle passe sa langue avec gourmandise sur ses lèvres et ajoute :

– T'as changé de dentifrice.

Le Petit n'a pas le temps de répondre. Du premier étage, des cris indiquent qu'une nouvelle dispute vient de commencer à la maison. Aussitôt, l'enfant saute de la cuve du lavoir et se précipite chez lui, en lançant avec défi à sa copine :

– Cette fois, s'il frappe ma mère, je lui casse une bouteille sur la tête. Je te jure que je suis cap de le faire!

4

La voix est menaçante. A la fois éraillée et lourde. Ces intonations, qui portent la colère et le mépris, précèdent généralement les coups. A peine retenues, elles sont perceptibles par tous ceux qui passent sur le palier ou dans la cage d'escalier.

– Tu me le donnes cet argent! C'est tout! Tu ne discutes pas!

Un bruit d'assiettes brisées couvre les derniers mots du père. Le Petit reste figé sur le pas de la porte. Son cœur bat à tout rompre.

La main crispée sur la poignée en forme de grosse olive en cuivre, il n'ose pas engager le mouvement de rotation qui lui permettra d'ouvrir cette porte qui le protège encore un peu d'une réalité à laquelle il est trop souvent confronté.

Il entend bien, maintenant, ces pas précipités autour de la table en formica de la cuisine. Il sait que sa mère en fera plusieurs fois le tour pour échapper à la violence du père. Elle finira pourtant par renoncer à cette ridicule cavalcade autour des meubles.

« A quoi bon entrer si je fais rien? » se dit l'enfant.

Il sait bien qu'il n'a plus le courage d'affronter les cris, les gestes violents, sales, toute cette horreur. Il relâche son étreinte sur la poignée et se laisse glisser le long de la porte.

Son visage est en feu. Il plaque les mains sur ses oreilles qu'il sent brûlantes. C'est ainsi à chaque émotion, à chaque peur. Elles chauffent sacrément. Le sang semble y circuler à grande vitesse. Il l'entend bourdonner dans tous les petits vaisseaux. Il pose les deux mains sur le carrelage froid, fait provision de fraîcheur dans ses paumes, puis les porte à ses oreilles pour en atténuer la rougeur.

Une nouvelle fois, il entend les pas précipités de sa mère, de l'autre côté. Il sait qu'elle essaie d'éviter les ustensiles de cuisine lancés par scn mari et qui vont s'écraser sur les murs ou les meubles, en laissant des empreintes, des encoches, qui viendront encore témoigner des jours de colère.

L'homme a toujours le même répertoire d'insultes. L'enfant les entend très distinctement :

– Dinde ! Idiote... Cougourde ! Fainéante !

Le père ne se renouvelle pas beaucoup, et son manque d'imagination pourrait prêter à sourire si la situation n'était pas si dramatique.

Le Petit se recroqueville davantage quand il entend à nouveau un grand fracas de vaisselle suivi d'un choc sourd : celui d'un corps qui tombe. Et soudain, le silence. Terrible. Épais. Un silence qui ne fait que s'alourdir, s'amplifier, en se mélangeant aux odeurs âcres de poussière et de pisse de chat.

L'enfant crispe ses mâchoires, contracte ses paupières pour retenir ces larmes incandescentes qui ne demandent qu'à se libérer.

Peu à peu, les bruits extérieurs montent un à un dans la cage d'escalier, à peine éclairée par un rayon de soleil blanc qui s'est glissé dans la pénombre du long couloir, au rez-de-chaussée.

Le Petit se rappelle alors qu'il avait promis à Vivi d'intervenir si son père frappait sa mère. Retenant avec difficulté un long tremblement, il fait le constat de son manque de courage. Il espère de tout son corps que cesse ce silence qui laisse présager le pire...

Pour en atténuer la violence, il appelle en lui des images apaisantes, sécurisantes. Il pense alors à la grande sœur, se remémore son dernier séjour.

C'était deux ans auparavant. Elle était arrivée sans prévenir. Le Petit n'avait pas prêté attention à cette 4 CV qui venait de s'arrêter devant le grand portail de la Villa des Mimosas. Il était occupé, avec son ami Negroni, à fabriquer les wagons d'un petit train à partir de boîtes de sardines vides, à l'odeur persistante malgré plusieurs lavages consciencieux. Ils s'étaient installés tous les deux à l'ombre, sous le porche qui garde si bien la fraîcheur de la nuit.

Assis par terre, jambes écartées, en short, le torse nu plein de soleil et de poussière, ils avaient déjà construit une dizaine de petites plates-formes sur lesquelles ils fixeraient, plus tard, de gros boutons de mercerie pour constituer les roues de ces wagons de fortune. C'est en chassant une guêpe affectueuse que Negroni avait levé la tête pour lancer promptement un coup de sifflet, suivi d'un admiratif :

– Putain! La gonzesse, vise comme elle est bandante...

Le Petit avait manifesté sa surprise en écarquillant démesurément les yeux. Il avait d'abord été saisi par ces deux longues jambes fines et souples qui semblaient à peine effleurer le sol. Sur le ciment, le claquement sec des talons aiguilles accompagnait le déplacement de cette silhouette élégante en faisant une petite musique troublante. L'enfant s'était levé d'un bond en criant à son copain :

– Que t'es con! C'est ma sœur...

Il s'était aussitôt précipité vers cette jeune femme au corps élancé, belle comme les vedettes de cinéma sur le calendrier des postes.

En jupe de mousseline imprimée, surmontée d'un chemisier blanc sans manches, la taille prise dans une large ceinture noire, elle avançait avec élégance. Conquérante, les bras, le visage hâlés, les lèvres embrasées de rouge, les cheveux flous, étincelants, elle avait éclaté de rire en voyant le Petit courir vers elle. Déjà il était perdu dans ses bras, enfoui dans les parfums délicieux qu'exhalait ce corps magnifique. Les baisers couraient dans le cou, sur les joues, sur la bouche si odorante, si belle...

Negroni, qui n'avait rien perdu de la situation, commenterait un peu plus tard ces retrouvailles de la façon suivante :

– Les mômes, ils veulent toujours se marier avec leur mère... Toi, je suis sûr que tu veux te marier avec ta sœur!

Le Petit lui avait décoché un coup de poing en plein visage sans qu'il ait le temps de réagir. Puis ils avaient roulé sur le ciment. La mère Contini les avait séparés à coups de serpillière. Les deux enfants s'étaient juré de ne plus jamais se parler...

Vivi, elle non plus, n'avait pas manqué de faire ses commentaires.

– Allez va! Ça se voit drôlement que t'es amoureux d'elle!

Le Petit s'était contenté de hausser les épaules.

– Quand elle est là, avait ajouté la gamine avec une pointe de jalousie, tu ne t'intéresses plus à moi! tu ne m'embrasses plus!

– C'est pas vrai! avait répliqué violemment l'enfant.

Les deux amoureux s'étaient boudés jusqu'au départ de la grande sœur.

C'est un nouveau cri qui arrache l'enfant à ses souvenirs. Il tend l'oreille et se redresse, inquiet.

Son père, d'une voix légèrement altérée, savoure son triomphe :

– Tu vois... C'est pas difficile... Tu crois que j'aime te frapper ?

A cet instant apparaît Vivi dans la cage d'escalier. En un éclair, le Petit ouvre la porte et se retrouve dans la cuisine. Blême, tremblant, il regarde autour de lui, en donnant des coups de tête saccadés comme un oiseau affolé au milieu d'une cage renversée.

En quelques secondes, il voit sa mère près de l'évier au milieu d'assiettes cassées. Une pommette tuméfiée, le corsage déchiré, un genou à terre, elle tente de se relever. Son père l'a agrippée par les cheveux. Il tient dans une main les billets envoyés par le frère aîné. Le regard de l'enfant croise celui du père qui desserre aussitôt son étreinte. Il traverse la pièce à grandes enjambées.

Au-dessus de l'évier, la mère plaque fermement sa main sur la bouche, tout à la fois pour retenir ses larmes et son envie de vomir. Crispée sur elle-même, elle ne peut s'empêcher de laisser échapper, en un hoquet terrifiant, un jet de salive et de sang. Secouée par les pleurs, c'est à peine si elle voit l'enfant qui s'est jeté à ses pieds et qui lui enserre frénétiquement les jambes.

– Ne pleure plus, maman. C'est fini! Ne pleure plus, il est parti.

Peu à peu la mère se calme. Elle caresse la joue de l'enfant et tente, à son tour, de l'apaiser.

– Pourquoi maman, pourquoi il fait tout ça ? Pourquoi il est comme ça ? Pourquoi c'est mon père ? Pourquoi t'es mariée avec lui ?

5

Il ne peut savoir, l'enfant, combien elle l'a aimé cet homme qu'elle rencontre pour la première fois dans un salon de thé, dans les Pyrénées.

Il est bel homme, Henri. Drapé dans un manteau de tweed raglan d'excellente coupe, il porte une grande écharpe de soie croisée sur la poitrine, dont il se défait avec élégance, après avoir enlevé ses gants en peau de qualité.

Sans précipitation, il ferme la porte en bois verni, aux vitres constellées de cristaux de glace qui rendent mystérieuses, floues, toutes les silhouettes agressées par le vent vif et qui s'enfuient sur le trottoir couvert d'une belle épaisseur de neige.

Il regarde autour de lui, jauge l'assemblée, chaudement installée autour de tables rondes et sur des banquettes de molesquine réconfortantes. Ses cheveux bruns, lissés en arrière avec application à l'aide d'une brillantine qui leur donne quelques reflets bleutés, dégagent un front large. Le nez, long et droit, est impressionnant dans ce visage osseux. Le regard, au premier abord, est perçant derrière des lunettes d'écaille aux verres ronds. Les lunettes lui donnent cet air de professeur sérieux qui peut impressionner. Deux plis rectilignes de rides profondes et parfaitement parallèles meurent aux commissures de ses lèvres fines.

Quelque chose de rude et de fascinant se dégage de toute cette physionomie à la fois avenante, distinguée et autoritaire. Cet être suscite simultanément l'attirance et la crainte. Cet homme est grand. Il a visiblement plus de trente ans.

Il traverse le salon en se glissant entre les guéridons couverts de théières d'argent et de savoureuses pâtisseries.

C'est ainsi que Jeanne le voit pour la première fois... Elle est intriguée par sa prestance et l'autorité naturelle qui se dégage de toute sa personne.

D'un geste vif, sans prendre le temps de s'arrêter, il saisit un journal aux pages reliées entre elles par une longue tige de bois, et accroché comme un parapluie à un portemanteau tout proche.

Il prend place à une table voisine de celle de la jeune fille et s'absorbe immédiatement dans la lecture, après avoir commandé un verre de vin chaud, indifférent à la présence de Jeanne. Celle-ci a repris son observation des va-et-vient du salon et s'amuse de l'adresse avec laquelle les jeunes serveuses, en robes noires et grands tabliers blancs aux larges bretelles croisées dans le dos, se déplacent avec les plateaux de pâtisseries qu'elles portent bras tendus au-dessus de leur tête.

Cela fait très peu de temps que Jeanne sort sans être chaperonnée par sa mère. Il lui a fallu plusieurs semaines pour la convaincre de la laisser aller ainsi seule par la ville.

Dès sa première sortie sans son ange gardien, Jeanne, si jolie, s'est trouvée vite courtisée. Elle s'est rapidement liée d'amitié avec un jeune étudiant qui n'a pas tardé à se déclarer avec empressement. Mais la jeune fille n'était pas sûre de la réciprocité de ses sentiments. Aussi, elle s'est vite écartée de ce garçon somme toute charmant, mais qu'elle a jugé trop jeune... puisque de son âge. Jeanne n'a pas caché à ses amies de l'atelier de couture qu'elle trouvait les hommes d'un âge mûr bien plus séduisants.

C'est avec une grande discrétion qu'elle regarde de temps à autre son voisin de table.

Très régulièrement, l'homme lève les yeux en direction de la clientèle, constituée principalement de femmes élégantes, chapeautées par les plus grandes modistes, puis il se replonge dans sa lecture, jusqu'au moment où l'ouverture de la porte provoque un nouveau courant d'air qui fait danser le lourd rideau rouge aux anneaux de cuivre soigneusement astiqués. Accroché en demi-arc de cercle au-dessus de la porte, il fait penser à un rideau de scène qui introduit sans cesse de nouveaux personnages.

L'homme n'est pas le seul à lever la tête à chaque tintement de la clochette de l'entrée, suivi du bruissement feutré du lourd tissu drapé, qu'une main timide ou volontaire écarte avant de pénétrer dans la salle. Toute la clientèle, en une belle harmonie, tourne la tête avec la même curiosité fébrile.

Voici d'abord un gant délicat, de couleur fauve, suivi d'une grande cape qui enveloppe avec sensualité la silhouette d'une élégante, coiffée d'un feutre noir contrastant avec le maquillage outrancier d'un visage rond, sur lequel semblent brodées de petites mèches rousses de cheveux frisés. Puis c'est le pommeau d'argent d'une canne qui écarte le lourd tissu. Un vieil homme, coiffé d'un haut-de-forme, les yeux vitreux, les pommettes rongées par le froid, glisse sa tête et se retire aussitôt après un regard circulaire dans la salle.

Les parfums suaves de ces dames se mélangent aux odeurs de thé de Chine, de café et de chocolat viennois.

Les petites porteuses de pâtisseries poursuivent leur ballet entre les tables, effleurent de leurs jeunes et belles poitrines, ici, une épaule, là, un bras ou un dos.

Henri pose son journal, sort de sa poche un paquet de cigarettes anglaises, se tourne, légèrement incliné, vers la jeune fille et lance d'une voix parfaitement bien placée :

– Vous permettez, mademoiselle ?

Jeanne répond du bout des lèvres, en rougissant, un timide :

– Je vous en prie, monsieur...

C'est peut-être parce que son visage s'est empourpré que Jeanne a attiré l'attention de cet homme si courtois. À travers le halo bleuté de sa cigarette anglaise au goût de miel, il s'est mis à la détailler. De toute évidence, il est très sensible à la douceur de ses traits, à son regard retenu, au dessin gracile de ses lèvres et à la rondeur de ce menton qui a gardé une fossette enfantine.

Le léger brouhaha élégant du salon de thé et les crissements des petits pas des serveuses, qui font une jolie musique sur le parquet ciré, couvrent les premiers mots qu'ils échangent ensemble. Les plafonds très bas, aux frises baroques, étouffent les conversations.

Henri sort la pochette blanche de son veston, retire lentement ses lunettes et nettoie méticuleusement les verres. Il fronce les sourcils et tire d'un doigt le rideau de dentelles fines de la fenêtre. Une lumière rose de fin de journée d'hiver illumine la rue et vient mourir dans le salon, sur les lambris laqués et les portemanteaux en cuivre rutilant.

Le couple échange quelques sourires discrets. Lui, il parle beaucoup. Jeanne acquiesce par petits coups de menton saccadés. Comme un petit oiseau affolé, elle cherche à fuir le regard trop perçant qui scrute en elle toute émotion. Les yeux de cet homme sont étranges. « Ils font peur et attirent en même temps », se dit la jeune fille. Henri tente de donner à son monologue un air de dialogue.

Jeanne baisse les yeux une nouvelle fois. Elle aurait rencontré le diable qu'elle ne serait pas plus émue. Mais ce diable-là est sacrément courtois. Il offre de nouvelles pâtisseries et invite à la promenade. La jeune fille a fini par relever la tête. Elle regarde, sans la voir vraiment, de l'autre côté de la salle, la femme étrange qui vient d'entrer. Elle est maintenant à proximité de leur table. Plantée devant le grand escalier, incongrue en ce lieu, elle porte un manteau gris usé et un brassard noir sur le côté. Elle a un visage décharné profondément douloureux... Trente ans plus tard, battue par son mari, Jeanne, se regardant dans la glace, se rappellera le visage de cette femme.

Elle attend à présent qu'une place se libère; sans oser avancer, elle baisse la tête, retire ses gants noirs décousus aux jointures, défait maladroitement la ceinture craquelée de son manteau et se glisse enfin vers la table du jeune couple qui vient de se lever. La pauvre femme occupe aussitôt la place de Jeanne qui passe près d'elle en lui offrant un beau sourire.

Dehors, les lumières des réverbères s'allument les unes derrière les autres à la poursuite, dans la grande rue, d'automobiles qui s'éloignent lentement. Chacun d'eux dessine un halo d'or sur la neige, grise en cette fin de journée. Ils marchent lentement malgré le froid. Jeanne a les deux mains enveloppées dans un manchon d'astrakan. Henri lui a offert son bras.

– Cela vous évitera de glisser... N'y voyez pas d'autre intention.

Sa voix a changé soudain, elle a perdu cet accent grave et précieux. Jeanne a failli s'en étonner, mais elle s'est sentie sécurisée par le bras qui enserre sa main avec autorité.

Ses pas effleurent à peine le sol gelé. Le léger filet de

buée qui s'échappe de leurs bouches donne l'impression que leurs paroles s'envolent, se dissipent en fumée.

Leur nonchalance contraste avec la précipitation des gens qu'ils croisent, impatients de se mettre au chaud, de retrouver le confort d'une maison ou la chaleur alcoolisée d'un bistrot.

Malgré l'air vif qui brûle, Jeanne ne force pas la marche. C'est plutôt elle qui ralentit le pas. Elle se sent troublée par l'odeur de tabac anglais et un étrange parfum qui imprègnent le grand manteau de cet Henri, décidément très en verve malgré le froid.

Il ne s'agit pas pourtant de parfum ou d'eau de toilette délicate. Elle finira par identifier un peu plus tard cette odeur particulière.

Pour l'instant il parle, il parle, Henri, sans cesse, avec assurance et une gravité excessive. Il a retrouvé le ton de tout à l'heure, au salon. Jeanne ne voit pas qu'il se donne beaucoup d'importance. Elle est considérablement impressionnée par sa facilité d'élocution et ses connaissances en toutes choses.

Il parle du peintre Matisse comme s'il en était un intime. Il dit encore qu'il a eu l'occasion de déjeuner avec les champions de tennis Borotra et Lacoste... qu'il a trouvé admirable *La Passion de Jeanne d'Arc* de Carl Dreyer. Il est aussi grand amateur d'opéra et il affirme qu'il ne se lasse pas d'écouter Gabriel Fauré.

– Comme maman! a laissé échapper la jeune fille avec enthousiasme.

– Ah bon? a repris Henri, heureux de la coïncidence. J'aurais grand plaisir à en parler avec elle.

– Pourquoi pas...? a répondu Jeanne, non moins heureuse de l'aubaine.

« Ainsi, pense-t-elle, les présentations seront faciles. »

Ils s'arrêtent un instant devant un banc couvert de neige glacée et Henri finit par révéler sa profession.

– Je suis préparateur en pharmacie, dit-il d'une voix légèrement embarrassée.

Il marque un temps, lève le col de son manteau, porte ses mains à sa bouche, souffle pour les réchauffer et ajoute :

– Mais j'ai déjà eu de grosses responsabilités.

Il tousse, tire une nouvelle fois sur le col de son manteau et lance précipitamment :

– J'étais responsable de toute la pharmacie de l'hôpital

Ruffy, à Nîmes. J'ambitionne, vous savez, de m'établir à mon compte... Je dois prendre une gérance prochainement.

Soudain, comme s'il souhaitait mettre un terme à toutes ces explications, il saisit la jeune fille par les épaules et dit :

– Mais vous grelottez... Il est temps de rentrer... Et moi qui vous ennuie avec toutes mes histoires...

– Pas du tout. C'est nerveux, je n'ai pas froid...

Il la saisit énergiquement par le cou et dit fermement :

– Vous devez rentrer! Ne discutez pas.

Ils se sont séparés devant l'arrêt d'autobus. Au moment où Jeanne s'est engagée sur la première marche, il l'a retenue un instant par le bras pour lui glisser d'une voix trop douce :

– J'espère avoir le plaisir de faire la connaissance de votre maman.

La première rencontre avec madame mère se fait, bien sûr, au salon de thé. Henri joue de tout son charme pour la séduire. Il veut lui faire partager sa passion pour l'opéra, évoque avec enthousiasme quelques peintres et écrivains à la mode. Il s'exprime avec un pédantisme forcé. Certains gestes, certaines attitudes, sinon vulgaires, en tout cas familières, démentiront ce maintien trop apprêté.

Quant à son avenir professionnel, il tente de rassurer la mère de Jeanne en lui confiant qu'il accomplit au laboratoire des travaux de recherche en pharmacie qui lui apporteront gloire et argent. Il se présente comme un bon parti, néanmoins il ne manifeste pas un grand enthousiasme pour le mariage. Et pour cause... Après une brève enquête sur le prétendant de sa fille, madame mère découvre que son futur est déjà marié depuis plus de cinq ans avec l'infirmière en chef de l'hôpital Ruffy, à Nîmes. Il n'est pas question pour celle-ci de divorce.

Démasqué, Henri ne se laisse pas impressionner. Il ne désarme pas. Il jure l'amour à la toute jeune Jeanne, lui offre la passion. C'est ainsi qu'elle se retrouve très vite enceinte et qu'elle est contrainte de le suivre.

Neuf mois plus tard, naît à Cauterets le premier enfant, le petit Jean, un beau bébé qui donne encore à la jeune maman l'impression de jouer à la poupée...

6

– Ton père, c'est une épave! C'est qu'un alcoolo!

– C'est pas vrai!

– Si, c'est vrai! Il est bourré tous les soirs, plein comme un œuf!

– C'est pas vrai..., hurle le Petit, c'est pas vrai!

– Et peut-être qu'il ne fout pas sur la gueule de ta mère aussi?

Negroni dépasse bien le Petit de deux bonnes têtes et pourtant ce dernier n'hésite pas. C'est trop! Il ne peut plus supporter ce déballage, cette humiliation, surtout devant Vivi, qui regarde les deux garçons s'affronter sans bien comprendre. Ils ne savent même plus ce qui a provoqué cette dispute.

Le Petit fonce, tête baissée. Le grand ne s'attendait pas à ce coup de bélier. Il se retrouve les quatre fers en l'air, laissant échapper, à demi étouffé, un :

– Petit con! tu vas voir...

Il se relève prestement et empoigne aussitôt son adversaire. Ils roulent dans la poussière, qui sent fort à cause de la chaleur. Le grand a vite pris le dessus. Il martèle le Petit de coups de poing en prenant garde de ne pas toucher au visage. Il frappe la poitrine, le ventre, les côtes maigrichonnes de l'enfant. Les jambes grêles du Petit battent l'air misérablement. Des gravillons lui blessent le dos. Il sait qu'il ne fait pas le poids mais il se dit, les dents serrées : « Plutôt crever et en prendre plein la gueule que de le laisser dire... »

Vivi essaie de les séparer. Elle tire Negroni par les épaules, puis par le col de la chemise.

– Arrêtez! fadas... Arrête, il est plus petit que toi!

– Lâche-moi, merdeuse! crie Negroni.

Le Petit profite de l'intervention de Vivi pour se dégager un instant. Il se relève; les poings serrés, il s'apprête à faire face à un nouvel assaut. Il s'est replié près du cabanon, celui qui est transformé en cabinets, sur le côté de la cour. Il glisse sa main entre le mur et la porte entrouverte. Une odeur pestilentielle s'échappe du lieu.

Negroni s'approche, arrogant, persifleur.

– Alors? T'en veux encore? Tu vas le reconnaître que t'es un fils d'alcoolo, ou je te fous la tronche dans le trou des chiottes.

– Viens! Approche! se défend le Petit.

Negroni marque un temps. Il reprend son souffle et cherche dans sa tête les mots qui blesseront le plus. Il finit par lâcher :

– Et puis ta sœur, elle ne viendra pas! Et si ça se trouve, ta sœur, elle fait la putain chez les Arabes...

– Salaud! T'es qu'un grand enculé! hurle le Petit au bord des larmes.

Cette fois, Negroni n'hésite pas. Il vise à la face. Mais au moment où son poing atteint le visage de l'enfant, celui-ci, d'un geste vif et de toute sa force, rabat la porte des cabinets. Elle frappe le grand Negroni en pleine tête, en un bruit mat qui résonne dans l'air raréfié. Il n'a pas vu le coup venir. Il plaque les mains sur son visage et gémit, avant de s'affaler le long du grillage rouillé qui entoure les porte-linges :

– Il m'a tué... il m'a tué, ce salaud! répète Negroni, comme un mauvais garçon dans un film policier.

Le Petit a rejoint Vivi. Ils disparaissent en courant sous le porche.

– Je suis sûr qu'elle viendra!

– Arrête de bouger, couillon, sinon tu vas pas cesser de pisser le sang!

Le Petit renifle d'une narine, la tête en arrière. Vivi comprime son mouchoir sur le nez de son petit ami. Ils se sont réfugiés dans le cabanon qui jouxte le lavoir. C'est leur coin à eux. C'est là qu'ils se donnent leurs rendez-vous d'amoureux.

Dans ce bric-à-brac, constitué de chaises cassées, de vieilles cafetières, de casiers de bouteilles vides empilés les uns sur les autres, ils se sont aménagé un véritable petit décor de salon avec un vieux canapé, un matelas et une table ronde bancale. Une grande boîte à biscuits en fer-blanc, sur laquelle figure le portrait d'une jeune Alsacienne en costume traditionnel, renferme leur garde-manger.

– Ça y est... ça pisse plus, constate Vivi.

– Quel con, ce Negroni! fait le Petit en reniflant une nouvelle fois.

Vivi soulève le couvercle de la boîte de gâteaux. Elle en extrait un paquet de pain d'épice.

– T'en veux un bout?

– Non... je préfère du coco.

La gamine replonge sa main dans la boîte, en ressort une pastille large comme une pièce de cinq francs et la tend au petit.

– Tu vas crever de soif!

– Tant pis, ça va m'enlever le goût du sang dans la bouche.

– Remarque, moi, je préfère le goût du coco, surtout si on s'embrasse...

Vivi prend place sur le matelas et ramène ses jambes sous son menton.

– Vous êtes jobastres de vous bagarrer, surtout pour ça! fait-elle en haussant les épaules.

– Pour ça, quoi? demande le Petit, en forçant son étonnement.

La fillette allonge ses jambes et porte ses deux mains à son nez.

– Tu sais bien que tout le monde le sait, pour ton père... J'aime bien l'odeur du pain d'épice, poursuit-elle, comme pour manifester son intention de couper court à la discussion.

– Et alors? c'est pas une raison pour le dire. Tu le répètes pas, toi... Mais, c'est surtout ce qu'il a dit sur ma sœur qui est dégueulasse!

Vivi hoche la tête et soupire.

– Dis donc! ta sœur y faut pas y toucher... C'est la Sainte Vierge ou quoi?

Les paupières du Petit battent précipitamment.

– C'est ma sœur, c'est tout... Tu serais contente toi si on traitait ta mère de salope?

– Bien sûr que non! Mais on sait bien que c'est pas vrai, ce qu'il raconte sur ta sœur...

La gamine marque un nouveau temps, et ajoute, un peu pincée:

– Moi, au contraire, ta sœur, je la trouve chic! Trop chic... Elle se croit, elle fait snob... Oui c'est ça, elle se croit...

– Tu dis ça parce que t'es jalouse!

Vivi se lève, l'air contrarié; elle tire sur les plis de sa robe et s'appuie avec une fausse nonchalance sur la porte du cabanon. Elle fait un effort pour ne pas envenimer la conversation.

– Jalouse? Ça va pas, non!

Vivi prend les deux extrémités de sa robe qu'elle soulève et agite comme un éventail au-dessus de ses cuisses pour se faire de l'air.

– N'empêche, de ta sœur, t'en parles pas comme d'une sœur...

La fillette hésite un instant, se gratte nerveusement le dessus de la main et poursuit:

– Voui c'est ça... T'en parles comme d'une amoureuse.

– Tu l'as déjà dit ça! Tu te répètes, ma vieille!

Le Petit tente de cacher son embarras. Il tourne le dos à sa copine et se retourne promptement en laissant échapper comme une évidence:

– Une amoureuse, on l'embrasse sur la bouche, on a envie de se mettre tout nu contre elle... pas avec sa sœur, quand même?

– Si je suis ton amoureuse, tu as envie de te mettre tout nu contre moi, alors?

Elle plisse le front et demande, intriguée:

– T'as déjà vu, toi, une fille toute nue?

– Euh oui! non! bafouille le Petit.

– Oui ou non? Décide-toi.

– Non, non! jamais! ment le garçon.

Il n'ose pas avouer à son amie qu'il a déjà observé une femme entièrement nue. Il le dissimule d'autant plus qu'il s'agit de sa grande sœur. Lors de son dernier passage, il l'a vue longuement s'enduire le corps de crème solaire. Il était dans la pénombre de la chambre du haut, dissimulé par le vieux fauteuil, à la recherche d'un illustré égaré. Devant le miroir de la grande armoire, éclairée par un rayon de soleil, elle ne pouvait soupçonner la présence de l'enfant.

Il a d'abord fermé les yeux en se recroquevillant de son mieux. Puis il les a rouverts à demi et enfin il les a ouverts tout à fait, fasciné par les courbes de ce corps bronzé, ondulant sous la caresse d'une main souple qui courait avec vigueur sur les seins, le long des hanches et des longues cuisses. La grande sœur s'est regardée un moment dans la glace, puis elle a pris ses seins à pleines mains en poussant un drôle de petit soupir. Elle a fait glisser doucement son index sur le contour de sa bouche magnifiquement pleine et enfin d'un petit coup de langue, comme un animal, elle s'est léché la lèvre supérieure en passant plusieurs fois sa main sur son ventre, avant de saisir une culotte noire transparente sur le dos d'une chaise.

– Eh! tu rêves, fait Vivi en le secouant violemment par le bras.

Elle prend un petit air moqueur et lance :

– Je suis sûre que tu serais pas cap de te mettre à poil devant une fille.

Le Petit ne répond pas. Vivi s'allonge sur le matelas, qui sent la sciure. Elle ferme les yeux. Le silence s'installe dans le cabanon, troublé soudain par un froissement de tissu. En quelques secondes le garçon a fait tomber en même temps son short et son slip trop grand, et il a retiré son tricot de corps à mailles. Il prend place près de sa petite amie, ferme les yeux à son tour et lance, en pouffant de rire :

– A toi maintenant! Montre si tu es cap!

Vivi se relève à demi, sans ouvrir les yeux, et retire par le haut sa robe légère à petites fleurs imprimées. Puis elle se rallonge et dit avec gravité :

– Je garde ma culotte... Je ne veux pas que tu me fasses de bébé.

– T'es qu'une dégonflée, raille le garçon.

– Je l'enlève si tu gardes les yeux fermés...

Malgré le manque d'air et la chaleur, le Petit sent un long frisson lui parcourir le dos. Il claque des dents et murmure :

– Ça sert à rien si je peux pas voir! Surtout que j'en ai jamais vu une, de fille.

– Une de quoi? T'oses pas dire le mot hein? Moi j'appelle ça la petite fente... Ça n'a rien d'extraordinaire, tu sais, c'est comme une bouche, mais en longueur...

Lentement, d'un doigt, Vivi fait glisser sa culotte le long de ses cuisses, puis de ses jambes. Le Petit ouvre les yeux tout doucement.

Cette fois la gorge pique vraiment. Beaucoup même. Ce n'est pas facile de déglutir. Il n'a plus de salive dans la gorge. Il descend sa main vers son ventre pour tenter de cacher son sexe, qui s'est mis à être tout dur d'un seul coup, sans prévenir. Il ne l'a jamais senti aussi grand, aussi gros. Ça fait battre le cœur très fort. Trop fort. Ça fait trembler partout... Ça empêche de respirer. Il n'aime pas trop sentir cette légère humidité au bout de sa verge. « Je ne vais quand même pas me pisser dessus », se dit-il, à la fois inquiet et sur le point d'éclater de rire. Il pense à Negroni et à son discours sur le « zizi dans le zaza ».

Cette fois sa petite copine se tourne vers lui et pose aussitôt ses lèvres sur ses lèvres. Et une fois de plus, il est véritablement emporté par la douceur de sa bouche...

Elle s'écarte un instant et murmure, toute rouge :

– Tu peux les toucher si tu veux...

– Toucher quoi ? demande le Petit, tout surpris.

Vivi ne répond pas. Elle prend la main du garçon et la pose sur un de ses petits seins à peine dessinés.

– C'est au bout que ça pique, dit-elle, mais c'est drôlement agréable.

Le Petit saisit l'extrémité du jeune mamelon, avec une grande appréhension, entre le pouce et l'index.

– Je te fais pas mal ?

– Non, ça pique...

– Moi, c'est dans la gorge que ça pique...

Cette fois le garçon se glisse sur le côté. Il sent son sexe brûlant sur la cuisse de sa petite amie.

– Dis donc il est dur ton oiseau, s'étonne la gamine.

– Il est pas trop chaud ? s'inquiète le Petit.

– Non, ça va...

Ils restent un instant sans bouger, puis se relèvent simultanément. Ils s'observent d'abord à la dérobée puis franchement. Ils comparent avec un grand intérêt leur différente anatomie. Soudain Vivi tend sa main vers la jeune virilité du garçon et l'emprisonne un instant.

– C'est vrai qu'il est chaud, constate-t-elle avec stupeur.

– Mes oreilles aussi, répond le Petit. J'entends le sang qui bouillonne dedans.

Vivi relâche son étreinte, rêveuse.

– On dit aussi qu'on peut s'embrasser les zizis quand on est amoureux...

– Ah bon ? fait le Petit, les yeux rivés sur le bas-ventre de sa petite amie.

Vivi se laisse glisser sur le côté et dépose un baiser furtif sur le sexe du garçon. Il n'en revient pas de l'audace de son amie. Sous l'effet du baiser, il a la certitude que son sexe s'est encore allongé, comme s'il donnait un coup de tête.

– A toi, maintenant! demande Vivi.

– C'est pas possible... J'y arriverai pas, je peux pas me baisser jusqu'à mon zizi.

Vivi se redresse d'un bond.

– Pas le tien, fada! le mien...

Il s'incline lentement vers cette bouche en longueur, s'arrête un instant avant d'y poser les lèvres. Il ne veut rien perdre de cette découverte. Il veut s'imprégner, pour ne plus l'oublier, de cette odeur suave, douce et forte qui s'échappe de cet endroit mystérieux. Il ne pensait pas que son cœur pourrait battre encore plus fort. « C'est pas possible, se dit-il, il va éclater. »

– Alors? fait Vivi qui s'impatiente.

Le Petit pose sa tête sur le ventre de son amie et amène tout doucement ses lèvres sur ce qu'il identifie comme le lieu le plus secret jamais rencontré. Il se relève lentement et dit, avec un beau sourire :

– Ça pique un peu...

– C'est les poils, ils commencent à pousser, répond Vivi machinalement.

– Ça t'a fait quoi? interroge le garçon.

– Ça donne des frissons. On recommence? suggère la gamine.

– Attends! On se prend d'abord dans les bras et on se serre fort.

Bouche contre bouche, mélangeant leurs souffles, leurs mains et leurs jeunes corps, ils restent ainsi un long moment dans la chaleur moite du cabanon.

– On est bien, ma Cigale, murmure le jeune garçon.

– Oui, ça donne envie de pleurer.

Il a fallu que ce bruit de lessiveuse sur la margelle du lavoir vienne perturber leurs premiers émois.

– Merde! a soufflé la fillette. C'est la mère Contini qui vient faire sa lessive. Bougeons plus!

Le Petit s'est redressé, plus paniqué, à la recherche de ses habits.

– Faut qu'on se rhabille... C'est mieux de pas se faire piquer à poil!

– Bouge pas! a ordonné une nouvelle fois Vivi.

Ils sont restés un long moment immobiles, osant à peine respirer. Peu à peu, l'air est devenu plus lourd, plus rare. Trois fois le Petit a tenté de se retenir d'éternuer.

– J'explose, a-t-il murmuré.

Ils se sont habillés en toute hâte et Vivi a suggéré :

– Allez! on sort en courant...

– Si elle nous voit, elle va tout raconter, la mère Contini, s'est inquiété le Petit.

– On s'en fout, on dira qu'on s'était cachés à cause de Negroni... Allons-y!

Les deux enfants ouvrent la porte en grand fracas et passent en trombe devant la ménagère, qui a tout juste le temps de voir deux têtes cramoisies s'engouffrer dans le long couloir qui donne de l'autre côté du bâtiment, vers les vignes du père Vagnier...

Il a mangé très vite la salade de tomates et l'omelette. Il sait qu'en bas, sur le muret, Vivi l'attend avec les autres voisins, qui prennent le frais comme tous les soirs d'été jusqu'à dix heures...

Il y a là le père Rode, retraité de la S.N.C.F., noueux comme un vieux sarment, très vif et plein d'histoires qui fascinent et amusent tout le monde. Il y a ceux de derrière, les Contini, et puis arrivent un peu plus tard les Caro qui habitent de l'autre côté du chemin 108. « Bien que d'origine espagnole, les enfants font de très bonnes études », commente le voisinage. Negroni s'est installé de l'autre côté du muret, en bordure du jardin potager de la mère Contini. Il jette de brefs coups d'œil, qu'il voudrait rendre méchants, en direction du Petit et de Vivi. Mais, visiblement, de part et d'autre, la colère est passée.

Il arrive que la mère du Petit s'aventure en bas. Le père Rode sort alors spécialement pour elle une chaise en paille tressée. Mais ce soir, la mère n'est pas descendue. Le mari n'est pas encore rentré. Elle attend là-haut, guettant à la fenêtre sa silhouette, espérant la voir s'avancer sur le chemin.

Le vieux Rode en est encore à raconter sa participation au déraillement d'un convoi militaire allemand, quelques jours avant la Libération. Chacun ici connaît l'histoire, mais il l'enrichit chaque fois d'éléments nouveaux. Ce coup-ci, dans sa nouvelle version, surgit une femme.

– Elle avait tout ce qu'il faut pour nous donner du

courage dans l'action. Elle avait, mes amis, de sacrés obus..., explique-t-il, en portant ses deux grosses mains toutes ridées vers sa poitrine pour indiquer l'énormité des seins de cette femme.

Il poursuit en jugeant chacun de ses effets sur son auditoire :

– Elle était chargée du courrier, mais elle n'avait pas eu le temps de redescendre dans la vallée. Elle s'est retrouvée en embuscade avec nous, tapis dans le noir. La patrouille allemande était à peine à cinquante mètres de nous... Eh ben, mes amis, je n'avais pas peur tout simplement parce qu'elle était collée contre moi... J'avais ces deux belles choses contre mon visage et je n'avais qu'une seule idée en tête... Devinez laquelle ?

Vivi se penche vers le Petit et murmure à son oreille :

– Le père Rode, c'est un vieux cochon.

Le garçon sourcille.

– Oui, reprend la fillette... l'autre jour, il m'a demandé si je mettais des culottes Petit-Bateau. Et puis je fais attention maintenant quand il fait la main qui étreint...

– C'est quoi ça, la main qui étreint ?

– Tu vas pas me dire qu'il ne te l'a pas fait à toi ?

Le Petit fait une moue qui indique qu'il n'a jamais été confronté à ce geste.

– Il pose sa main au-dessus de ton genou, explique Vivi, et il te serre de sa grosse patte en murmurant les dents serrées : « La main qui étreint... »

– Et alors ? fait le garçon qui ne voit là aucun mal.

– Le problème, c'est qu'il commence au genou et qu'il fait ça plusieurs fois en remontant jusqu'au haut des cuisses. Et une fois, j'ai senti un de ses gros doigts tout près de me rentrer dans la fanfounette...

– Le vieux cochon ! crie le Petit.

Ses paroles sont aussitôt couvertes par le bruit d'une sirène de voiture de police.

– Ça vient par ici, fait remarquer le père Rode, interrompant de lui-même son récit.

– A tous les coups c'est ton père que les flics ramènent ! lance Negroni, sans vouloir cacher son plaisir.

Le Petit hausse les épaules et lève la tête vers la fenêtre du haut. Il a juste le temps de voir sa mère qui rentre précipitamment dans l'appartement. Cette fois, il n'a plus de doute. Sa mère apparaît quelques secondes plus tard, tout essoufflée, au bas de la cage d'escalier. Elle court vers les deux agents de police qui soutiennent son mari, titubant et plus alcoolisé que jamais.

Il est maintenant à hauteur du muret où se tiennent tous les voisins. Ils se lèvent instinctivement sur son passage. Sa tête dodeline. Il a, accroché aux lèvres, un drôle de sourire plein de confusion, de regret, comme s'il réclamait l'indulgence de tous. Son visage est couvert de sang caillé au niveau des pommettes. Ses mains sont écorchées. Sa veste est souillée de vin, son pantalon est déchiré et un grand morceau de tissu bat sur le côté de sa jambe gauche.

Les yeux du Petit vont des voisins à son père et de son père aux voisins, sans arrêt. Il voudrait fuir, se cacher quelque part. Il se sent rouge de honte. Ses yeux sont pleins de larmes qu'il retient de toutes ses forces. Il murmure pour lui-même :

– Je ne partirai pas... Je resterai là... Je ne pleurerai pas !

Sa mère, en femme qui a l'habitude et qui en a vu, comme disent les voisins, de toutes les couleurs, empoigne son mari par la taille et le soulève presque pour l'aider à grimper l'escalier.

– Si c'est pas malheureux de voir ça, dit un des policiers en ramassant la canne du père, à terre.

Il ajoute, plein de commisération :

– On l'a récupéré dans le caniveau devant chez Barbier.

Vivi s'approche du Petit et tente de lui prendre la main. Comme pétrifié, l'enfant ne bouge pas. Il l'a fermée si fort, sa main, que sa petite fiancée ne parvient pas à défaire son poing. Les mâchoires serrées, il a un regard méchant en direction de Negroni. Il s'étonne de ne pas trouver sur son visage cet air moqueur, cet air de triomphe et de supériorité qu'il lui connaît si souvent. En réalité, le grand Negroni semble bien embarrassé, triste même. Il s'approche lentement du Petit, tandis que les voisins reprennent leur place sur le muret.

– Tu sais, dit Negroni d'une voix qu'il veut rendre douce, mon père aussi, y fait des conneries... C'est pas les mêmes, c'est tout.

Le Petit ne répond pas, il pense : « Celles de mon père... il y a longtemps qu'elles ont commencé. »

7

En cette fin des années 20, Jeanne et Henri forment un couple élégant, disposé, apparemment, à créer une famille équilibrée. Henri se montre plutôt attentif, prévenant, sécurisant, au début de sa vie commune avec Jeanne. Leur premier enfant, Jean, est très entouré, choyé. Il est pris en charge quotidiennement par une nurse en coiffe et tablier blanc, comme dans les grandes familles.

– Cela fait bien, la nurse – ça impressionne les invités –, dit Henri, pontifiant.

Il faut dire aussi qu'ils sont très absorbés. Lui vient d'obtenir la gérance d'une pharmacie et Jeanne dirige un salon de thé en plein centre de la petite ville de Luz-Saint-Sauveur, près de Cauterets, où ils se sont installés. Le couple passe pour un ménage sans histoire. Tout le monde ignore qu'ils ont omis de se présenter chez le curé et chez monsieur le maire.

Peu à peu, Henri donne beaucoup de son temps à la pharmacie. Il rentre tard. De plus en plus tard, de plus en plus souvent. Il s'en explique à sa compagne, très pondérément.

– La gérance ne nous apportera pas la fortune... Je compte davantage sur mes recherches. Elles m'absorbent énormément.

Jeanne est très attentive. Elle prend au sérieux les propos de son mari, enfin de celui qu'elle se doit de faire passer pour tel. « S'il reste si longtemps à la pharmacie, se dit-elle avec confiance, c'est qu'il a de bonnes raisons de le faire... »

Si Jeanne n'a rien perdu de sa naïveté, elle a décelé

assez vite le tempérament autoritaire de son compagnon et il ne lui viendrait pas à l'idée de le contredire, ou de s'opposer.

Finalement, après de longues hésitations, elle s'est décidée à l'interroger, sans toutefois trop forcer sa curiosité.

– Ces recherches, enfin, Henri, elles consistent en quoi ?

Henri, devant le lavabo de la salle de bains de marbre rose, s'essuie méticuleusement les mains, doigt après doigt, avec une serviette-éponge, avant de répondre. Il s'éclaircit la voix et lance avec emphase en détachant chaque syllabe :

– In-sec-ti-ci-des!

Il juge de l'effet de sa révélation, marque un temps, et ajoute avec une certaine gravité :

– Je travaille à l'extermination de la race la plus nuisible, la plus laide de notre pauvre terre : le cafard!

Jeanne éclate de rire, en rejoignant un des gros fauteuils de cuir de leur très confortable salon.

– Ne ris pas, Jeanne! c'est très sérieux... Je t'assure.

– Je ne me moque pas de toi, répond-elle de sa petite voix.

Elle remet en place, avec coquetterie, une mèche de cheveux et ajoute :

– Je trouve ça amusant, c'est tout, que tu passes tellement de temps dans ce sous-sol avec toutes ces odeurs affreuses que tu ramènes ici...

Henri s'approche et prend place sur le bras du fauteuil. Il pose une main qu'il veut apaisante sur l'épaule de la jeune femme. Il a généralement peu de gestes de tendresse.

– Tu exagères, Jeanne! J'ai fait désinfecter ma blouse et mon veston.

Il porte la manche de sa veste à son nez et aspire très fort.

– Tiens! Sens... il n'y a plus rien!

A son tour, Jeanne hume le tissu. Elle a un mouvement de recul.

– Ça sent toujours, je t'assure!

A cet instant, la nurse entre dans le salon. Elle tient l'enfant par la main. Habillé d'un costume marin un peu trop grand pour lui, il trottine maladroitement.

– Faut lui enlever ça! dit soudain le père, très agacé.

Il se tourne vers sa compagne, lève les yeux au ciel et ajoute :

– Enfin, Jeanne! Il est ridicule, cet enfant, habillé ainsi.

Il prend le bébé dans ses bras, mais celui-ci se cambre, agite la tête en tous sens et pleure. Il refuse énergiquement le contact. Le père le tend brutalement à la nurse et dit d'une voix blanche :

– Ce gosse ne m'aime pas!

– Allons, que tu es bête, ce n'est pas toi qu'il n'aime pas, c'est cette odeur qui te suit partout...

Jeanne se veut sécurisante. Elle a pourtant conscience de ce rejet de l'enfant, mais tente de le minimiser.

Henri se dirige vers un angle du salon fermé par un comptoir en bois d'acajou. Il lance vivement, en se servant un grand verre de porto :

– Tu me casses les pieds avec cette odeur!

Il avale d'un seul trait l'alcool, se ressert aussitôt et sort, le verre à la main, en claquant la porte. Jeanne console le petit Jean effrayé, cette fois, par les cris de son père.

Le lendemain matin, un moutonneux tapis de neige enveloppe la petite ville. Henri a couché dans le salon. Au moment où neuf heures sonnent, il glisse sa tête dans la chambre de sa compagne. Jeanne, enfouie sous les draps, l'entend à peine dire :

– Je passe la matinée à la pharmacie.

Encore dans les plis du sommeil, elle murmure, avant de se retourner :

– Mais c'est dimanche, Henri...

Ce dernier hausse les épaules et ferme la porte.

Au milieu de la matinée, la jeune femme se lève et retrouve son bébé, le nez collé à la grande baie du salon qui s'ouvre sur la ville. Elle enveloppe l'enfant de ses bras et regarde avec lui les flocons dodus, qui s'accrochent aux fils télégraphiques et aux branches noires des platanes brûlés par le gel. En bas, tout est encore immaculé. La vie ressemble à la photographie d'un paysage d'hiver. Tout semble redessiné avec beaucoup de soin.

La matinée s'achève dans les préparatifs du repas dominical. L'enfant, de son côté, martèle avec enthousiasme les touches du piano. La nurse essaie de tempérer son dynamisme.

– Laisse-le donc! dit Jeanne, occupée dans la cuisine à tourner une sauce.

Elle finit par s'approcher du quart de queue et ajoute :

– Qu'il en profite, tant que son père n'est pas là...

Elle se défait du grand tablier qui l'enserre à la taille, prend le bébé sur ses genoux et s'installe confortablement devant le clavier. Elle saisit l'index de l'enfant et tente de lui faire jouer une comptine.

– Toi, je te mettrai au violon, dit-elle en l'embrassant.

Elle le tend à la nurse et jette un coup d'œil inquiet vers la pendule d'entrée qui vient de sonner la demie de midi.

– Mais que fait-il ? demande-t-elle, sans pouvoir dissimuler son impatience.

Elle s'avance vers la baie vitrée. Le ciel s'est lourdement assombri. Il fait presque noir, comme en fin de journée. Les lumières d'une Delahaye tracent deux longs sillons jaunes dans l'écume boueuse de la rue.

Jeanne retourne vers la cuisine. A treize heures, elle éteint le four à gaz. Elle revient une dernière fois devant la baie. La rue est maintenant tout à fait déserte. La neige a redoublé d'intensité. Un voile blanc épais s'étend de part et d'autre du trottoir.

Sur le pas de la porte du salon, la nurse, l'air très contrarié, s'exclame :

– Madame, que fait-on ?

– Fais manger le petit, couche-le. Je ne peux plus attendre, j'y vais. Il est arrivé un malheur...

– Faut pas dire des choses pareilles, Madame, réplique la nurse, visiblement très inquiète.

Jeanne se dirige vers le couloir, ouvre la penderie, saisit une cape noire, qu'elle jette avec grâce sur ses épaules, et sort.

Elle s'est chaussée également en toute hâte et ses bottines sont bien trop légères. Par endroits, sur le trottoir, elle s'enfonce jusqu'à la cheville. La neige bientôt lui glace les pieds. Qu'importe, Jeanne presse le pas.

Une appréhension s'installe progressivement en elle. Elle sent une douleur vive au creux de l'estomac. Elle a cru un instant que son visage s'était empourpré à cause du froid. En réalité, Jeanne est très tendue, le feu lui est monté aux joues avec l'angoisse grandissante. Elle ne parvient pas à s'expliquer cette peur qui entre en elle. Un instant, elle ressent une crispation près du cœur, une crispation à couper le souffle. Elle s'arrête, se tient d'une main à un lampadaire et essuie du revers de son gant de laine les gouttes de transpiration qui lui collent les cheveux aux tempes.

Jeanne ne comprend pas pourquoi elle pleure, en silence. Elle raidit le torse, ouvre la bouche, inspire longuement l'air frais avec l'impression d'avaler des centaines de flocons qui se dissipent immédiatement en gouttelettes fines au contact de ses lèvres. « Il faut que je me calme, se dit-elle. Il aura été retenu... »

Elle avance à nouveau en remettant en place la capuche qui vient de glisser sur ses épaules. Elle cherche encore à se rassurer. « Oui, c'est ça! On l'aura plutôt invité à prendre l'apéritif... »

A cinquante mètres de la pharmacie, elle s'arrête. L'enseigne est allumée.

« Il est donc là... », soupire-t-elle, rassurée.

Jeanne court maintenant vers la porte d'entrée.

– Il n'a pas su s'arrêter, il n'a pas vu le temps passer...

Elle dit cela à haute voix, au moment où elle croise un agent de police occupé à régler la dynamo de sa bicyclette. L'agent lève la tête.

– Un problème, madame? demande-t-il tout en soulevant la roue avant de son vélo qu'il fait tourner dans le vide.

– Non! Rien... tout va bien, monsieur l'agent, balbutie la jeune femme.

Il a à peine fait attention à la réponse de Jeanne. Il repose la roue de sa bicyclette et peste :

– Bon sang! Ça ne marche jamais ces machins-là.

Jeanne, devant la pharmacie, constate immédiatement que la clenche a été enlevée.

– Par-derrière..., dit-elle une nouvelle fois à haute voix.

Jeanne s'engage dans la ruelle proche à gauche de la pharmacie et se retrouve rapidement devant un escalier de bois, en contrebas, qui conduit à la cave. Elle pose sa main sur la poignée métallique couverte d'une fine pellicule de neige, hésite à la faire jouer, se décide enfin, et referme la lourde porte derrière elle.

Une lumière grise filtre à travers de grands rayonnages de bois épais, sur lesquels reposent des flacons, des bonbonnes, des éprouvettes, des paquets méticuleusement ficelés. Ces étagères forment un long couloir qui débouche dans une pièce plus vaste, éclairée par une lampe nue au bout d'un fil électrique torsadé. Sur une grande table centrale, Jeanne découvre tout ce qui constitue le laboratoire de son compagnon. Il y a là, dans un grand désordre, une dizaine de pipettes, des canules, des vases de différentes grosseurs, des récipients transparents rectangulaires, remplis de substances colorées – orange, vert, jaune – difficilement identifiables.

La jeune femme n'a qu'un bref regard pour tout ce matériel. Elle ne voit pas son compagnon et l'appelle, d'une voix cassée :

– Henri, tu es là ? Henri ?

Jeanne ne le voit pas mais il est là, pourtant... cassé sur lui-même, dans un vieux fauteuil d'osier percé.

Jeanne s'est engagée trop vite dans la pièce. Elle ne l'a pas vu à droite, après les rayonnages, juste dans l'entrée.

– Henri, où es-tu ?

Un gémissement l'invite à se retourner.

L'homme qu'elle découvre à cet instant ne ressemble en rien à son compagnon. Elle sursaute et pousse un cri qu'elle étouffe en mettant la main sur sa bouche. Elle reste comme pétrifiée.

Henri tient dans la main gauche un flacon d'éther et dans la main droite un tampon d'ouate. Sa veste est roulée à ses pieds. Sa chemise est défaite. Les cheveux en tous sens, les yeux vitreux, le visage gris, auréolé de vert sous les pommettes, il tamponne méthodiquement son nez de la boule de cellulose sur laquelle il verse régulièrement de grandes quantités d'éther. Il ne semble pas voir la jeune femme.

Une crispation du menton lui déforme tout le bas du visage. Ses lèvres sont affreusement blanches. Une veine de son cou bat à un rythme démesurément saccadé. Sa pomme d'Adam semble prise de spasmes. Il parvient difficilement à déglutir. Les narines pincées, les joues profondément creusées lui donnent un aspect cadavérique insupportable à regarder.

Jeanne pousse un nouveau cri. Dehors, l'agent de police, qui s'apprête à grimper sur son vélo, met pied à terre. Il cherche autour de lui d'où vient ce cri. Il défait la pince qui enserre le bas de son pantalon et porte instinctivement son sifflet à la bouche.

Jeanne, dans un mouvement de panique, renverse quelques flacons sur la table.

Henri lève péniblement la main gauche comme s'il voulait rassurer sa compagne. Usé, tremblant, dévoré par la fièvre, il a l'air d'un vieillard.

– Cette odeur, cette odeur, répète Jeanne, paniquée.

Peu à peu, elle comprend enfin, elle en connaît maintenant la provenance. Désormais, elle sait. Elle murmure, en pleurant :

– Cette odeur... c'était ça, l'éther ! Ce n'est pas possible ! Pas ça, c'est pas vrai !

Elle hurle comme un animal blessé. Elle se recroqueville sur elle-même, puis s'étend sur le sol en proie à une véritable crise de nerfs. Elle tente de se relever en s'appuyant sur la table encombrée du laboratoire et s'affaisse aussitôt.

La main ferme qui se pose sur elle quelques instants plus tard finit par l'apaiser. L'agent de police lui parle calmement en lui passant une serviette-éponge mouillée sur le visage. Jeanne ne sait pas pendant combien de temps elle a perdu connaissance. Elle n'a pas vu non plus l'ambulance qui a emmené son mari à l'hôpital.

– A très court terme, l'éther a des conséquences extrêmement graves sur tout le système nerveux... Je lui ai parlé franchement comme je l'aurais fait avec un confrère... Il sait à présent ce qu'il risque : la folie ou la sénilité précoce...

Jeanne, fragile dans son tailleur gris, se tient sur le bord du fauteuil dans le cabinet du médecin-chef de l'hôpital où Henri a été admis en convalescence.

– Je crois qu'il a compris, docteur. Il m'a juré qu'il n'y toucherait plus...

Le médecin referme un dossier sur son bureau comme pour conclure l'entretien. Il ajoute, avec une intonation de sévérité volontairement amplifiée :

– Souhaitons qu'il tienne sa promesse, madame.

Un mois s'est écoulé. Henri a été autorisé à rentrer chez lui. Il est encore très affaibli, a perdu plusieurs kilos. Jeanne s'est transformée en infirmière. Elle est extrêmement dévouée. Elle a établi avec son compagnon une relation différente. Pour la première fois de sa vie, c'est elle qui est amenée à prendre des décisions. Henri laisse faire. Il est trop abattu. Ses nerfs ont lâché. En pleurant dans les bras de sa compagne, il a juré qu'il ne retoucherait plus à « cette saloperie ». Il dit qu'il s'est fait piéger bêtement.

Affalé dans un des fauteuils crapaud du salon, engoncé dans une lourde robe de chambre en coton, il fait son *mea-culpa* avec une étrange complaisance :

– C'est à cause de mes recherches, tu comprends... Tous ces produits ont fini par m'intoxiquer... J'étais épuisé, l'éther me donnait l'impression de m'apaiser... Et puis il y a eu l'accoutumance...

Henri se lève et se dirige vers la baie vitrée. Les poings enfoncés dans les poches de sa robe de chambre, il tourne le dos à sa compagne. Il sait qu'il ne parle qu'à demi ; il ne peut tout dire, tout révéler. Il ne peut évoquer le plaisir que lui a donné sa drogue. Comment parler de ses effets, de cette étrange béatitude, de cet ailleurs, de cette légèreté des choses, de ce bienfait vaporeux qu'il a tant aimé ? Il sait au fond de lui qu'il prend pour prétexte ses fameuses « recherches ». Il a bien conscience, en abusant sa compagne, de s'abuser lui-même. Il sait bien que ce substitut à portée de main lui permettait de lutter contre de cruels accès de lucidité, au cours desquels il faisait le constat de ses échecs successifs tout au long de sa vie. L'échec d'abord de ses études en pharmacie, l'échec de son premier mariage, l'incertitude de sa nouvelle union ont constitué pour lui autant de bonnes raisons...

Il a eu souvent conscience, également, de l'aspect artificiel de sa personnalité, de ce jeu qu'il se joue à lui-même et aux autres : celui de l'homme du monde cultivé qui se donne en spectacle. Tout lui paraît faux en lui. Tant sa prestance et son autorité que son goût pour les belles choses, sa prétendue passion pour l'opéra. Alors, quand la lucidité l'emporte, Henri estime qu'il n'a plus qu'un recours : l'oubli, les paradis artificiels... De tout cela, il ne parlera jamais à Jeanne.

Le médecin a prescrit un séjour en montagne, Jeanne se réjouit de cette escapade.

– Bon pour la santé, dit-elle avec l'enthousiasme d'une petite fille.

Elle ajoute ensuite avec sérieux :

– Cela remettra les idées en place à tout le monde...

Ils se sont installés depuis une dizaine de jours dans un grand chalet-hôtel plutôt luxueux au pied d'une station de ski des Pyrénées. Les journées se passent en promenades et en longues expositions au soleil. Le personnel et la clientèle sont intrigués par cet étrange couple escorté d'un bébé et d'une nurse. On se retourne sur leur passage. Jeanne, si jeune, si jolie, étonne en compagnie de cet homme affaibli, vieilli, qui en rajoute dans l'élégance. Il porte une redingote au col garni de zibeline et des bottines vernies incongrues sur les planches enneigées de la terrasse du chalet. Il se déplace en s'appuyant avec un certain cérémonial au bras de sa compagne. Il se sait regardé et en éprouve un grand plaisir. La nurse et l'enfant suivent à distance.

Au moindre pleur du bébé en public, Henri indique d'un geste, assorti d'un bruit des lèvres, qu'il faut rentrer l'enfant.

Jeanne et son compagnon restent ainsi, aux meilleures heures du soleil, devant un verre de thé bouillant ou une tasse de chocolat chaud. Ils observent en silence les variations de la lumière, les écharpes de nuages qui s'étirent entre les arêtes effilées des massifs qui les entourent.

Sans dire un mot, Henri tend un doigt vers un pli montagneux d'où glisse lentement, entre les troncs d'une forêt de sapins noirs, une coulée de neige qui prend de plus en plus de vitesse. Elle explose brutalement, en une gerbe étincelante, devant une rangée d'arbres qui plient sous la force mais qui parviennent à faire barrage.

– La nature est forte, dit Henri, très méditatif.

Il souffle du bout des lèvres sur sa tasse de thé et ajoute avec suffisance :

– La nature sait toujours ce qu'elle veut...

Jeanne ne réagit pas à cet excès de réflexion de son compagnon. Elle est absorbée par la contemplation des pics neigeux qui se colorent un à un de rose sur le fond bleu du ciel hivernal. Le soleil décline rapidement.

– Rentrons, dit Henri. Je m'ennuie. On m'a convié à un bridge. Je te rejoins plus tard.

L'enfant couché, Jeanne, ne voyant pas son mari revenir, fait monter une collation dans leur petit appartement. A dix heures, quand elle entend un bruit sourd contre la porte d'entrée, elle prend peur.

– C'est moi! finit par dire Henri d'une voix altérée.

La jeune femme ouvre lentement comme si elle voulait retarder le plus longtemps possible cette nouvelle confrontation avec Henri. Elle le découvre enfin. Il est appuyé, le dos contre le chambranle de la porte. Il vacille sur lui-même avant de lancer d'une seule traite :

– Je n'y ai pas retouché! Je te le jure...

Il s'engage dans la pièce en titubant et se défait avec difficulté de sa redingote. De toute évidence, il ne s'agit pas cette fois d'éther. Il est facile pour Jeanne de reconnaître l'odeur d'anis. Une odeur qui lui sera désormais très familière.

L'alcool a éveillé en l'homme un désir violent. Au moment où la jeune femme le libère de son long manteau, il la saisit brutalement. Il a encore suffisamment de force pour la coucher à même le sol. Jeanne se débat, retenant ses cris pour ne pas alerter l'enfant et la nurse dans la pièce voisine.

Le lendemain, ils quittent le chalet en toute hâte. Il est pénible pour la jeune femme de subir les regards de la clientèle qui détaille les ecchymoses sur son visage.

De plus, Henri a fait scandale la veille, dans le hall, à l'issue de la partie de bridge. Il est mauvais perdant et mauvais payeur. Jeanne doit s'acquitter de ses dettes de jeu.

Le voyage de retour en train se fait en silence. Jeanne attend des excuses qui ne viendront pas.

A Luz-Saint-Sauveur, la situation matérielle de la famille se complique. Si Henri retrouve assez rapidement la santé, il a perdu en revanche la gérance de la pharmacie.

Peu à peu, le salon de thé que dirige Jeanne se vide. Bientôt l'argent fait gravement défaut.

Henri semble néanmoins faire face à la situation avec confiance. Il cherche sérieusement un nouvel emploi. De son écriture élégante, il sollicite partout un nouveau poste, certificat d'employeur à l'appui. Malgré ses comportements fantasques, il a toujours assumé ses responsabilités professionnelles avec rigueur.

Il se tient là, dans le salon, sanglé dans sa robe de chambre. Il lit à Jeanne, avec une évidente satisfaction, le certificat qu'il vient de recevoir. Il soigne sa diction :

« Je soussigné R. Delcombe, pharmacien chimiste à Cauterets, déclare avoir eu comme préparateur dans mon officine monsieur Henri C. et je n'ai eu qu'à me louer de ses services, de sa probité. En foi de quoi, je lui délivre le présent certificat... »

Il replie le document avec satisfaction et le glisse dans une chemise cartonnée. Puis, avec une vanité qu'il ne cherche pas à dissimuler, il dit à sa compagne :

– Et tu vois, Jeanne, j'en ai cinq autres comme celui-ci ! C'est bien le diable si je n'ai pas sous peu une réponse positive...

Henri n'a rien perdu, apparemment, de sa confiance en lui. Il fait front aux premières difficultés matérielles avec sérénité. Même s'il en rajoute, il lui paraît tout à fait improbable qu'on ne puisse faire appel à lui et à ses indéniables qualités professionnelles.

Quelques jours plus tard, il reçoit une proposition qu'il inspecte avec une certaine suffisance.

– Jeanne, dit-il de son ton des grands jours, que dirais-tu d'un soleil éclatant et d'un peu d'exotisme ?

La jeune femme repose l'enfant qu'elle tient dans ses bras et prend place sur une chaise, les mains posées à plat sur les genoux. Elle indique par cette attitude sa concentration, son écoute attentive. Henri ne lui laisse pas le temps de répondre.

– Cela vient de Casablanca, de la Grande Pharmacie de France qui fait le coin de la rue de l'Aviateur-Coli et du boulevard de la Gare. Ils cherchent quelqu'un... Et ce n'est pas une mince affaire, regarde !

Il tend la lettre, sur papier sépia. En haut à droite, on distingue la photo de la façade imposante de l'officine : deux étages dont les murs sont couverts d'enseignes sur lesquelles on peut lire, parfaitement calligraphié :

« La pharmacie la plus importante du Maroc »
« Analyses chimiques et bactériologiques »
« Rayons d'optique... de parfumerie. »

Le lieu est en effet très impressionnant. D'aucuns pourraient le juger à la mesure de l'ambition d'Henri.

– Il n'y a pas à hésiter un seul instant, dit-il, l'air satisfait.

Depuis la fenêtre, Jeanne a une belle vue sur le grand café en terrasse de la rue de l'Aviateur-Coli. Les garçons en djellaba immaculée, portant des chéchias de couleurs vives, vont et viennent entre les tables rondes au marbre épais, principalement occupées par des Européens. Ils vont de l'un à l'autre, servant ici l'absinthe, l'anisette, accompagnées d'amandes, de pois chiches... là, déversant avec une étonnante dextérité le thé à la menthe ou le café turc.

Une grappe d'enfants vêtus misérablement, aux visages très beaux, agressés par des dizaines de mouches, proposent leurs services de petits cireurs de chaussures. Ils harcèlent les clients qui les repoussent sans ménagements du plat de la main, d'un coup de canne ou de badine. Ils s'envolent un instant en criant des :

– S'il te plaît, patron! S'il te plaît, fais travailler!

Un petit noiraud à la tignasse abondamment frisée, et plus rusé que les autres, gratifie l'assistance de sourires, de courbettes, de grimaces, de pitreries. Cocasse, volubile, il sait s'attirer la sympathie. Jeanne le regarde, elle aussi, avec amusement et tendresse. Il va d'une paire de chaussures à une paire de bottines avec rapidité, souplesse et efficacité. Il ne prend pas le temps d'étaler la crème ou le cirage avec une brosse ou un chiffon. C'est avec bon cœur qu'il plonge sa main dans la matière grasse noire ou marron et qu'il badigeonne avec vigueur une grande partie de tout ce que la terrasse compte comme pieds gainés de cuir.

Jeanne passe d'interminables moments à la fenêtre.

Henri est très longuement occupé à la Grande Pharmacie de France.

Le couple vit dans un appartement confortable, au troisième étage, au-dessus de l'officine. Ils sont installés au Maroc depuis plus d'un an. Henri a fait la meilleure impression dès son arrivée. Son employeur est très satisfait de ses services. Jeanne, qui occupe son temps en promenades, s'ennuie. D'autant que ces promenades sont de moins en moins fréquentes. La jeune femme est sur le point d'accoucher, le deuxième enfant ne devrait plus tarder.

Le petit Jean, qui vient d'avoir quatre ans, attend avec impatience l'arrivée du nouveau bébé.

Henri n'a pas manifesté d'émoi particulier à l'annonce de l'événement. Il a simplement rappelé qu'il devrait parvenir à régler sa situation avec l'infirmière en chef de l'hôpital de Nîmes, qui est toujours son épouse officielle aux yeux de la loi.

La distance avec la métropole ne facilite pas les

démarches; en tout cas, elle semble constituer pour Henri une bonne excuse.

Jeanne n'ose plus évoquer le problème. Elle sait combien son compagnon réagit vivement à la moindre contrariété. Et puis, à présent, elle se sent fatiguée. Elle supporte mal le climat. Au début, elle a pris un grand plaisir à découvrir la ville. Elle n'en finissait plus de se promener avec l'enfant dans les magnifiques jardins luxuriants au milieu des orangers, des citronniers, des palmiers et dans les allées pleines d'odeurs de jasmin, de chèvrefeuille... Dans les promenades dominicales au bras du supposé mari, avec le petit garçon trottinant devant eux, elle a retrouvé toute l'honorabilité qui faisait tant défaut, les derniers temps, à Luz-Saint-Sauveur.

Henri affiche à nouveau sa belle assurance. Il y a même de l'arrogance dans sa façon d'être et de parler. Jeanne aussi joue les grandes dames. Il est vrai qu'elle a du personnel à sa disposition. Un homme à tout faire, Ahmed, et une cuisinière, Aïcha, ont en charge les choses de la maison. L'enfant prend ses premiers cours de violon avec un vieux professeur de musique qui se rend à domicile.

A chaque paiement des leçons il ne manque pas de dire :

– Ce petit est très doué, vous savez. Il faut le pousser...

Le dimanche s'achève systématiquement à la terrasse du Café de France, où la clientèle européenne se salue, s'épie, se détaille. L'élégance excessive de chacun – vestons croisés, cravates noires sur chemises aux cols en celluloïd immaculé pour les hommes, robes longues strictes et larges, chapeaux à voilette pour les femmes – contraste avec la population locale qui s'ébroue de l'autre côté de la rue. De nombreux enfants tendent des mains faméliques en direction de la faune française, indifférente à cette misère qui s'étale devant elle.

Des calèches vont et viennent en une sorte de ballet lent. Quelques gosses tournent autour d'elles, espérant encore une pièce d'une élégante ou de son chevalier servant. Le cocher les chasse généralement d'un coup de fouet sec et violent.

Henri, de son côté, dans une attitude extrêmement cérémonieuse, procède au rituel de l'absinthe. Jeanne cherche, dans son petit sac en cuir de Cordoue, une pièce qu'elle s'apprête à donner à une fillette en haillons, le visage maculé de pustules, les cheveux collés par la crasse.

– Cette enfant a des yeux magnifiques, dit-elle avec une réelle compassion.

Henri pose sa main sur celle de sa compagne au moment où elle tend une pièce à la gamine.

– Non, Jeanne! fait-il brutalement.

La jeune femme le regarde, l'air consterné.

– Ne donne rien!

– Quelques sous seulement, implore-t-elle.

Henri jette un coup d'œil en direction des tables voisines. Il se sent épié. Il fronce méchamment les sourcils, cette fois vers l'enfant, puis vers sa compagne.

– Non, Jeanne! si tu donnes à celle-ci... nous allons les avoir tous sur le dos...

Avec les quelques mots d'arabe appris au contact des commis de la pharmacie, il exhorte l'enfant à s'éloigner. Elle ne bouge pas. Elle reste la main tendue vers Jeanne. Henri reprend, en français cette fois:

– Allez... va, toi! Ne reste pas là!

Il a parlé les dents serrées, retenant sa colère. Au ton de la voix, la fillette s'en va en courant, et proférant quelques insultes en arabe dont Henri a parfaitement saisi le sens. Il prend sa compagne à témoin:

– Tu vois ces indigènes... même les enfants n'ont que l'insulte à la bouche.

En quelques mois Henri a vite épousé les attitudes européennes à l'égard de la population. Le fait d'être blanc de peau confère ici au moindre petit employé une autorité, une supériorité méprisante égales à celles des plus grands colons du pays.

Henri renoue donc, à Casablanca, avec la suffisance et la satisfaction de soi, d'autant qu'à la pharmacie il fait une excellente impression, notamment à la patronne, qu'il courtise sans trop de gêne.

Trop absorbé par ses activités, et trop occupé à faire fructifier ses relations avec l'épouse de son employeur, il est le dernier informé de la naissance du deuxième enfant, une petite fille, prénommée d'autorité par la mère, en l'absence du père, en août 1930: Hélène.

8

– Hélène! C'est Hélène je te dis! Elle vient d'arriver!

C'est Paul, le grand frère du Petit, qui porte la bonne nouvelle. L'enfant lâche la branche qui soutenait toutes les larges feuilles de figuier ayant servi à fabriquer le toit de la cabane qu'il construit depuis une bonne heure en compagnie de Caro et de Negroni avec lequel il s'est réconcilié. Tout s'effondre, seuls les murs en cannes de roseaux résistent.

– T'es con ou quoi? hurle Negroni en tentant de maintenir les deux planches qui constituent la porte d'entrée.

– Ben quoi? Faut qu'il vienne...

Paul vient de répondre pour son frère. Blondinet, aussi maigre que le Petit, pour ses quatorze ans il est à peine plus grand que lui. Il a du mal à grandir, le Paul, dit-on régulièrement dans la famille. « Je manque de calcium », répond fréquemment l'adolescent. Seule sa grosse voix fait la différence avec les quelques boutons d'acné qui refont systématiquement leur apparition. Malgré les traitements à l'eau oxygénée, à l'alcool pur, à la teinture d'iode... rien n'y fait. Ils reviennent sans cesse, de plus en plus gros, de plus en plus purulents. « Rien de tel pour repousser les filles », se lamente Paul.

Le Petit s'est précipité derrière son frère. Il court à travers cette forêt de roseaux à flanc de coteau. Elle surplombe les voies ferrées à cinq, six kilomètres en amont de la gare de triage. L'endroit constitue un territoire de jeux et de cachettes qui attire souvent les gosses de la Villa des Mimosas. Mais il n'est pas sans danger. Il n'est pas rare de voir un petit malin traverser les voies quelques instants avant l'arrivée d'un train. Cela fait même l'objet de paris insensés.

Une heure plus tôt, juste avant la venue de Paul, Negroni a lancé un défi imbécile au Petit :

– Il est trois heures. Dans cinq minutes le Vintimille s'amène. Je te file deux « Tintin » si tu traverses trente secondes avant...

Appliqué à rassembler une botte de feuilles de roseaux, le Petit demande, sans lever la tête :

– Lesquels de « Tintin » ?

– *Tintin au Congo* et *Tintin en Amérique...*, répond Negroni en faisant éclater une grosse motte de terre qui encombre l'entrée de la cabane.

Le Petit fait une grimace qui indique son manque d'enthousiasme.

– Je l'ai déjà, *en Amérique*, dit-il.

– Alors, *Les Cigares du Pharaon*.

Le Petit s'assied un instant en regardant de l'autre côté du pont, là où les rails donnent l'impression de se rejoindre. Il pense à sa mère. Il sait qu'elle le croit incapable de faire de pareilles « conneries ». « Quant au père, se dit l'enfant, s'il l'apprend il me dérouille à mort... » Mais la tentation est grande. Il sait que le dernier « Tintin », il n'est pas près de se l'acheter.

– Tope-là ! dit-il gravement.

Les mains des deux enfants se rencontrent dans un claquement sec atténué par le mur de roseaux qui les entoure. Le Petit se retourne vers Caro.

– T'es témoin... Il a intérêt à me les filer !

Déjà, il dévale la pente. Il s'écorche les mains aux feuilles longues et coupantes des roseaux.

Negroni le suit à quelques mètres. La terre sèche et poussiéreuse se glisse entre la plante des pieds et les semelles de corde des sandalettes. Negroni jette un coup d'œil sur sa montre, une Kelton, reçue pour sa communion.

– Grouillons-nous ! c'est quatorze... Le train sera là dans une minute.

Ils déboulent au pied des trois grandes voies.

– C'est laquelle ? demande le Petit, en regardant une nouvelle fois du côté du pont.

– Celle du milieu ! répond son copain.

– Merde ! c'est plus dangereux, soupire le Petit avant de s'engager sur les premiers rails.

Il marche entre les traverses couvertes de goudron visqueux qui colle aux sandalettes. Il cherche le point de passage où il trouvera le moins possible de cailloux coupants entre les rails. Il finit par se décider quelque vingt mètres plus bas. Negroni, sur le côté, s'accroupit et pose son oreille sur un rail. Il a découvert la méthode au cinéma dans les films de cow-boys et la considère infaillible pour entendre les trains.

– Il arrive ? demande le Petit, maintenant de l'autre côté.

– Vouais, je dégage !

Il rejoint le bas-côté et lance, les deux mains en porte-voix :

– Tu triches pas ! T'y vas quand la motrice est sous le pont...

Le Petit juge d'un coup d'œil précis la distance qui le sépare de la voûte. Il l'évalue à moins de trois cents mètres.

– Si je tombe au milieu, je n'ai pas le temps de me relever, constate-t-il à voix haute.

Il pense à la grande sœur et songe aussitôt à renoncer. Son cœur bat de plus en plus vite dans sa poitrine maigrichonne. Les rails sont brûlants. Le goudron sent de plus en plus fort. Ses oreilles bourdonnent et il n'entend plus le bruissement frais des roseaux là-haut, près de la cabane.

Il ne s'attarde pas à regarder la grosse masse noire qui s'avance à grande vitesse sous le pont. Il fonce, tête baissée, en avant.

Le bruit sourd du train est de plus en plus violent. Il semble faire trembler les rails. Cela dure dix secondes, une minute, dix minutes, une heure dans sa tête. Il ne sait plus, le Petit. Le temps n'a plus de sens. Tout est irréel autour de lui. Tout s'amplifie : la distance, les arbres, la grosseur des traverses, la longueur des rails, la violence du soleil. Il ne voit plus que la bouille de Negroni qui l'exhorte à courir plus vite.

– Fonce ! Fonce ! crie-t-il de toutes ses forces.

Le Petit ne l'entend pas. La voix de son copain est couverte par la sirène de la motrice.

Le conducteur a certainement vu cette petite forme qui traverse, mais à cette vitesse il est trop tard pour stopper. Dans un fracas épouvantable le train passe à un mètre à peine du Petit qui vient de se jeter dans le fossé couvert de chardons et d'orties.

Il murmure plusieurs fois :

– J'ai réussi ! J'ai réussi ! Je suis pas une chique molle...

Il ferme les yeux un instant, puis relève la tête et regarde, apaisé, vers la coulée de roseaux balancés par le vent. Elle forme une gigantesque vague verte qui roule à flanc de coteau. Il aime bien cet endroit, le Petit. Ce terrain d'aventure, c'est son Amazonie, sa forêt vierge où il faut côtoyer ou s'inventer de multiples dangers : araignées, couleuvres, autorails, motrices aveugles et folles.

Negroni lui tend la main pour l'aider à se relever.

– Putain, con ! tu m'as filé les jetons, dit-il, admiratif.

Le petit frotte ses genoux écorchés.

– Alors ? on remonte la finir, cette cabane, demande-t-il rapidement, comme s'il souhaitait oublier le plus vite possible cette épreuve.

Après la nouvelle annoncée par son frère, il n'en a plus rien à faire de cette cabane. Il chante à tue-tête :

– Elle est arrivée, elle est arrivée, la frangine...

Il court maintenant en écartant du bras les longues feuilles vertes qui barrent le passage. Son frère le suit à distance. Le Petit se retourne et l'invite à forcer l'allure.

– Allez ! allez... grouille-toi !

Ils débouchent bientôt sur le sentier qui relie la route. Le Petit a une trentaine de mètres d'avance sur son frère.

– Attends ! Attends-moi, hurle ce dernier.

L'enfant lui fait un signe de la main sans se retourner pour lui indiquer qu'il n'est pas question pour lui de ralentir l'allure.

– Attends ! Merde ! lance une nouvelle fois l'aîné avant de s'arrêter de courir.

Il marque un temps et crie très fort :

– C'est pas vrai ! Je t'ai menti. C'est pas vrai, elle est pas arrivée... C'est une blague !

Le Petit ralentit sa course, se retourne, hausse les épaules, tandis que son frère reprend, sans crier cette fois, comme s'il souhaitait que l'enfant ne l'entende pas :

– C'est pas vrai. C'est pas vrai, je te dis !

Cette fois, il s'arrête. Il fait demi-tour, marche vers son grand frère et dit d'une toute petite voix :

– Pourquoi tu dis ça ?

– Parce que c'est la vérité. Elle est pas là ! C'est tout !

Le Petit sent immédiatement un flot de larmes lui brûler méchamment les yeux. Il donne un coup de pied rageur au tronc d'un amandier.

Paul, lui, s'assied sur le bord du talus à l'herbe noire brûlée par les cantonniers. Il lance d'une seule traite :

– Je t'ai vu, tout à l'heure, faire le con sur la voie ferrée. J'étais sur le pont...

– Et alors ? Qu'est-ce que ça peut te faire ? répond le Petit, la rage aux lèvres.

– T'es fada de faire ça... Si le père le sait, il te dérouille... Et tu crois qu'elle serait contente, la frangine, si elle l'apprenait ?

Paul se tait un instant, observe son frère à la dérobée et ajoute tout de go :

– Comme je voulais pas que tu recommences tes conneries, j'ai inventé ça... J'ai dit qu'Hélène était arrivée ! J'étais sûr comme ça que tu viendrais...

Le Petit lance un vrai regard de haine à son frère, il crie :

– Saloperie ! Salaud !

Il se jette sur son aîné. Ils roulent ensemble dans la poussière d'herbe noire. Le grand essaie de maîtriser l'enfant.

– Arrête ! Arrête... J'ai dit ça parce que j'avais peur que tu te fasses tuer, andouille !

Très vite Paul a l'avantage. Il est à cheval sur la poitrine du gamin et lui maîtrise les poignets.

– Salaud ! y a des mensonges qu'il faut pas faire ! dit le Petit en sanglotant.

Il ne se débat plus. Peu à peu, le grand desserre son étreinte. Il se glisse sur le côté, libérant tout à fait son frère. Les deux enfants ne bougent plus. Leurs vêtements et leurs visages sont maculés de terre noire. Ils glissent simultanément sur les fesses à l'ombre d'un figuier. A cette heure de la journée, les odeurs environnantes de pins, de raisins verts, d'aubépines sont fortes, si fortes qu'elles coupent la parole et rendent indolent. Au bout d'un moment, le grand finit par dire à voix basse :

– De toutes les façons, elle finira bien par arriver...

– N'empêche, reprend le Petit de plus belle, c'est salaud ce que tu as fait !

– Je veux plus que tu fasses ces paris à la con, c'est tout ! réplique l'aîné en donnant une bourrade à son frère.

– Vouais... mais tu seras bien content de les lire, mes « Tintin » !

– T'es fada ou quoi ? Risquer sa vie pour des « Tintin » !

Le Petit casse rageusement un bout de bois et se relève.

– C'est pas seulement pour ça...

– C'est pour faire le mariolle, alors ?

– Je ne voulais pas me dégonfler !

Paul se lève à son tour et s'engage sur le chemin en prenant le Petit par le bras.

– Allez, viens, fada ! Si jamais elle arrive, la sœur, et qu'elle te voit aussi crado... elle repart tout de suite.

9

Évidemment il n'y a pas de douche à la maison. La toilette, c'est à la cuisine qu'il faut la faire, dans l'évier, où il n'est pas rare de trouver une colonie de cafards.

Le Petit remplit d'eau froide la bassine en fer-blanc. Il n'y a pas d'eau chaude ici. Aussi l'hiver, il ne s'agit pas de traîner. Le grand lavage, c'est le dimanche. Ce jour-là, on prend le temps de faire chauffer l'eau sur le fourneau rougeoyant. Autre embarras, et de taille pour l'enfant : trouver le moment favorable, où il n'y a personne dans la cuisine, pour se déshabiller. L'autre jour, il a crié bien haut et bien fort :

– J'en ai marre de montrer mon cul à tous les passants!

Paul a répliqué aussitôt, avec l'intention de le blesser :

– C'est ta quique oui, que tu veux pas montrer! Elle est trop minus, c'est pour ça!

– Couillon! je suis sûr qu'elle est plus grosse que la tienne..., a rétorqué le Petit, le visage cramoisi.

Le grand s'est rapproché. En portant la main à son sexe, il a lancé, moqueur :

– Ça m'étonnerait! On n'a qu'à les mesurer, tu verras la différence... Et puis tu bandes même pas à ton âge!

– Qu'est-ce que t'en sais, fada!

Paul tire sur la serviette que son petit frère a nouée autour de sa taille et poursuit, ironique :

– C'est ta Cigale qui l'a dit!

L'enfant, nu, croise ses deux mains sur son sexe, puis il se retourne brutalement, saisit le gros savon cubique de Marseille et le projette en direction de l'aîné, qui disparaît dans la pièce voisine.

Aujourd'hui, le lavage se fait en deux temps. D'abord

le haut méticuleusement, puis le bas très rapidement. Le Petit a rabattu sa chemise sur son ancien pantalon du dimanche, qui est devenu un pantalon de tous les jours, et est maintenant un short un peu long coupé à mi-cuisse.

Il porte le gant de toilette à son visage, hésite un instant, renifle le tissu spongieux tout mouillé et crie en direction de sa mère, qui fait les lits dans la chambre proche :

– Maman! Y pue ce gant!

– Y en a pas d'autre! répond la mère, tout en poursuivant sa tâche.

Le Petit fait une grimace de dégoût.

– Savonne-le comme il faut! suggère la mère.

Il retire sa main du gant, le bouchonne, le jette au fond de l'évier poisseux et ronchonne :

– Tout le monde s'est lavé le cul avec! J'en veux pas moi, c'est dégueulasse... Vivi après, elle voudra plus m'embrasser!

Il plonge ses deux mains dans la bassine d'eau froide, s'asperge abondamment le visage et les aisselles, se retourne, regarde s'il n'y a personne et dégrafe le bouton de son pantalon qui s'affaisse mollement sur ses chevilles. Il procède à de nouvelles ablutions en inondant le carrelage ébréché et sans couleur. Il a un bref instant un regard attendri vers son sexe. Il murmure avec une réelle conviction :

– Elle est pas minus, ma quique!

Il enfile maintenant la chemisette blanche fraîchement repassée. Elle serait comme neuve s'il n'y avait pas cette reprise à la pliure du col... Il l'aime beaucoup, cette chemisette. Elle sent bon parce qu'elle a séché au vent sous le gros jujubier et a attrapé avec gourmandise les odeurs de la nuit. Il hume avec délectation les senteurs de tilleul, de roses en bouton et d'herbes piquantes. Il trouve encore qu'elle « fait bien » cette chemisette. Elle fait riche et personne ne sait qu'elle appartenait au neveu de la fortunée madame Bizzi, chez qui la maman fait des ménages...

– Putain! j'ai la classe..., dit l'enfant, exalté.

Il se baisse et saisit sous une chaise bancale ses mocassins. Il les détaille, brusquement dépité :

– Putain, ils en peuvent plus!

Ces chaussures-là, c'est son frère aîné, celui d'Indochine, qui les lui a achetées quand il est venu en permission, il y a deux ans. Aussi, elles sont vraiment fatiguées et elles commencent à être très sérieusement trop petites. En plus, la semelle du pied gauche voit le jour. Le cordonnier a dit qu'elles ne valaient « plus le coup... ». L'enfant a décidé de les réparer lui-même. Dans l'épaisse couverture du calendrier des postes, il a découpé une semelle qu'il a glissée à l'intérieur du mocassin le plus souffreteux. S'il ne pleut pas, ça tient toute la journée, sinon... gare où l'on met les pieds! C'est toujours dans le petit orifice usé par le frottement que vient se loger le cruel caillou ou le gravier effilé qui semble ne pas supporter les chaussures à la Charlot. L'enfant a également sa façon à lui de les cirer. Il considère que rien ne vaut un beau crachat sur le cuir, qu'il s'agit ensuite d'astiquer de préférence avec une chaussette, au grand désespoir de sa mère.

– Je ne comprends pas, dit-elle, après un long soupir qui exprime son exaspération. Je ne comprends pas comment tu fais pour abîmer si vite tes chaussettes.

Maintenant qu'il en a fini avec ses vêtements, le Petit procède à l'ultime opération, la plus délicate : la coiffure. Il n'aime pas ses boucles, alors il enduit systématiquement ses cheveux d'une épaisse couche de gel bleu qui triomphe des mèches rebelles et lui permet d'avoir, sur le haut du front, un cran impeccable qui résisterait à toutes les tempêtes.

– Le gel Pinto? il n'y a rien de mieux, dit-il avec le sérieux d'un Figaro expert en la matière.

– Tu rigoles ou quoi? a fait remarquer Paul, l'autre jour. On dirait que tu as un casque sur la tête... Et puis tu brilles comme le phare de l'Espiguette, couillon!

Le Petit a soulevé les épaules, agacé:

– T'y connais rien toi, andouille!

Paul a pris un grand air étonné.

– J'y comprends rien, moi! J'y entrave rien, alors que j'entre en apprentissage chez Casales, que tout le monde reconnaît comme le plus grand coiffeur de la ville!

– Tu y es pas encore chez les parfumés, a répliqué le Petit, la colère au bord des lèvres.

Paul a passé la main dans les cheveux gominés de son frère et a repris, moqueur :

– Tu ferais mieux de la fermer quand tu parles des parfumés... toi, tu cocottes tellement qu'on te renifle à cent mètres.

L'enfant a essayé de remettre en place son cran. Il s'est énervé et a fini par lancer :

– Je préfère cocotter que puer de la bouche comme toi ! T'as beau manger des Hollywood, les filles pourront jamais t'embrasser tellement que tu sens des cabinets...

– Et toi, t'es pas crado peut-être ? Tu t'asperges d'eau de Cologne et tu te laves pas les pinceaux !

La mère a mis un terme à l'affrontement en rentrant dans la pièce.

Maintenant, le Petit jette un dernier coup d'œil à sa physionomie et interroge sa mère :

– Tu as vu, maman, j'ai presque l'air d'un riche.

Elle le regarde, l'air attendri, remet en place le col de la chemise du Petit et dépose tendrement un baiser sur son front.

– T'es beau comme un prince, ma Perle, dit-elle, émue.

– Et ma raie, elle est bien ? Elle n'est pas trop en zig-zag ?

La mère inspecte avec une grande attention le trait blanc que forme, sur le côté, le partage régulier de la chevelure de l'enfant :

– Impeccable ! Te salis pas et ne monte pas sur ta machine infernale... Et n'oublie pas de communier !

Le Petit ne tiendra pas compte des remarques de sa mère.

A peine dans la cour de la Villa des Mimosas, il débusque derrière l'abri à poubelles, pleines à ras bord et nauséabondes, sa « machine infernale ». Il s'agit d'un vieux vélo de femme, rouillé de l'armature à la selle, débarrassée de sa protection en cuir, aux roues privées de pneus et de chambre à air. C'est ainsi qu'il roule à même la jante, dans un bruit de ferraille effrayant qu'on entend venir de loin. Il pédale généralement à toute vitesse, malgré l'absence de frein, mais il a sa méthode pour stopper l'engin. Il le bloque en apposant violemment le talon de sa chaussure sur la roue arrière. Il ne provoque pas forcément l'arrêt immédiat mais il ralentit conséquemment la vitesse de son vélo d'un autre âge, excepté le jour où il s'est trompé de pied, freinant avec le mocassin usagé : la protection en carton n'a pas résisté bien longtemps et le frottement excessif a fini par lui brûler la plante du pied.

Au moment où il franchit le portail, il se retrouve nez à nez avec Vivi qui revient du marché en compagnie de sa mère, une belle femme plantureuse, sans artifice, aux lèvres ourlées d'une sensualité troublante, qui ne passe pas inaperçue. On dit bien des choses sur elle, dans le quartier. Certaines voisines ne se gênent pas pour balancer sur son passage :

– Elle a le feu au cul celle-là!

Jusqu'à la mère Contini qui nourrit un sentiment de jalousie à son égard. Le Petit l'a entendue dire à la propriétaire de la Villa des Mimosas :

– A part la micheline et l'autocar, qui c'est qui lui est pas passé dessus?

Le Petit engage son pied sur la roue arrière et s'arrête à hauteur de son amie et de sa mère.

– Où tu vas encore, fada, habillé comme un ministre avec ton engin de mort? demande la femme.

– A la messe ! répond l'enfant en souriant.

Il la trouve si belle, la mère de sa petite amie. Il rougit parce qu'il vient de penser que c'est bien avec une femme comme ça qu'il aimerait faire l'amour. Negroni a dit une fois qu'il avait vu ses gros nichons, qu'ils étaient vachement blancs et qu'il s'était retenu pour lui demander s'il ne pouvait pas les sucer un petit peu. Le Petit ne l'a pas cru, il raconte tellement de blagues, le Negroni !

– Tu vas te tuer, couillon, avec ta vieillerie, ajoute la mère de Vivi.

L'enfant a posé un pied à terre. Il plonge ses yeux dans le beau regard noir de Vivi. Il a soudain une violente envie de toucher sa bouche mouillée qui sent toujours si bon. Il pense alors envoyer tout promener, sa machine et l'église, pour se retrouver dans le cabanon, enlacé à sa copine. Il se ravise et dit :

– Tu viens à la messe avec moi?

– Ça va pas, non? répond la mère pour sa fille, en reposant un des cabas lourdement chargé de légumes et de fruits.

Elle se frotte la main droite cinglée d'une longue empreinte rouge faite par l'anse en corde tressée, et poursuit :

– On n'y comprend rien, nous autres, aux couillonnades du curé!

Comme pour prêter main-forte à sa mère, Vivi ajoute, avec une petite suffisance :

– Tu crois que tu vas le trouver chez le curé, ton paradis? Ou là-haut? dit-elle en pointant son doigt vers le ciel, qui s'est couvert peu à peu de nuages blancs presque transparents.

Vivi ajoute, en reprenant son souffle :

– Le paradis, je préfère qu'il soit sur terre, jobastre!

Le garçon remonte à mi-hauteur la pédale de son vieux vélo. La chaîne, tout aussi rouillée que le reste, grince affreusement. Du plat de la main, il vérifie la solidité de son cran glacé par le gel. D'un ton résigné, il conclut :

– Bon bé... j'y vais. Je suis obligé, j'ai promis à ma mère de communier.

Vivi le regarde, l'air catastrophé.

– Remarque, fait le Petit comme pour s'excuser, j'ai déjà mangé un Hollywood, alors l'hostie, je sais pas s'il va servir à quelque chose.

Une fois de plus la gamine l'observe attentivement. Elle fronce les sourcils et demande d'une voix presque suppliante :

– Tu m'en ramèneras un bout, du Christ? J'en ai jamais vu, des hosties. C'est bon quand tu le manges?

– On ne le mange pas, folle... on le laisse fondre, répond le Petit en levant les yeux au ciel.

– Alors? tu m'en ramèneras, grand couillon?

Le grand couillon remet un pied à terre, frotte ses mains qui se sont imprégnées de rouille sur le guidon du vélo et fait non de la tête.

– C'est pas possible, dit-il, embarrassé.

– Et pourquoi ça? demande Vivi, visiblement agacée.

Elle tire nerveusement, au-dessous de ses genoux, sur sa robe à pois blancs, comme si elle voulait masquer la maigreur de ses jambes.

– T'y connais vraiment rien. D'abord, on lui tire la langue au curé...

La gamine lui coupe aussitôt la parole.

– C'est ça! A qui tu vas le faire croire, que tu lui tires la langue, au curé? Et il dit rien, il t'en retourne pas une? Non mais des fois, tu me prends pour une jobastre?

– Tu me laisses même pas finir! Tu lui tires la langue parce qu'il te le dépose sur la langue, pardi!

– Tout le monde fait pareil? Les parents aussi? demande Vivi en roulant des yeux.

Elle semble avoir des difficultés à admettre une chose pareille.

La mère de Vivi s'est éloignée en laissant les deux enfants disserter sur les mystères de la communion. « Si la gamine n'a pas de religion, c'est bien à cause du père et de la mère qui sont athées et c'est bien de la graine de communistes comme les parents... », disent les voisins.

Le Petit a pris l'air sérieux de celui qui sait. Il répond avec gravité :

– Et vouais, qu'est-ce que tu crois ? Même les parents, ils la tirent...

Vivi pouffe de rire, en portant sa main à la bouche.

– Vous devez avoir l'air fin, avec la langue tendue comme des grosses vaches !

Elle mime aussitôt la scène. Elle se met à genoux devant l'escalier en ciment qui donne sur le jardin des Negroni, porte ses deux index au-dessus de sa tête pour représenter les cornes, ouvre toute grande la bouche jusqu'à se déformer le menton et tire sa langue rose avec violence. Le Petit à son tour éclate de rire.

– Arrête ! on dirait un monstre...

Il remonte sur son vélo, pose les deux pieds sur les pédales en se tenant accroché d'une main au grillage fatigué qui longe le grand jardin de la propriétaire de la Villa des Mimosas. Il sollicite une dernière fois son amie :

– T'es bien sûre que tu ne veux pas venir ?

Vivi remonte ses socquettes blanches qui bouchonnent sur ses chevilles et lance :

– Je viens si je peux t'en bouffer un, d'hostie !

– On dit pas un hostie, on dit une ! corrige le Petit avec suffisance.

– Je t'ai dit que j'y connais rien à tes trucs de grenouille de bénitier ! Alors, je pourrais en bouffer ?

– T'es fadolie ou quoi ? T'es même pas baptisée, t'es pas confessée !

Il marque un temps, se gratte la tête en prenant garde de ne pas abîmer son beau cran et ajoute, après réflexion :

– Tu commettrais un péché véniel et peut-être même un péché mortel, ma vieille !

– Qué za quo ? qu'est-ce que c'est ton véniel ?

– C'est moins grave qu'un péché mortel, c'est sûr ! encore qu'il faut pas en abuser... Le véniel c'est un petit péché qu'on peut te pardonner là-haut !

Il pointe son doigt vers le ciel blanc. Celui-ci renvoie une lumière qui grésille sur les murs et effrite le crépi en poussière grise qui pique la gorge.

Vivi soupire. Elle passe sa langue très vite sur ses lèvres et continue :

– C'est toi qui es vraiment fada de croire à tout ça! C'est inventé je te dis, c'est inventé comme les histoires dans *Nous Deux* et *Confidences*.

Grande lectrice de romans-photos, Vivi n'est pas dupe de ces histoires à « l'eau de rose », comme dit la mère Contini.

L'air résigné, le Petit fait non de la tête et dit :

– Tu peux pas venir! Surtout si tu fais ton cirque devant l'autel, j'aurais trop honte...

– Trouillard! lance Vivi d'une voix méchante.

Le garçon fait comme s'il n'avait pas entendu et empoigne sa machine rouillée.

– On se voit au cabanon cet aprem'? demande-t-il timidement.

– Ça m'étonnerait! répond Vivi.

Le Petit repose à nouveau un pied à terre.

– Pourquoi?

– Parce que je crois que je vais les avoir...

– Qu'est-ce que tu vas avoir?

– Mes choses, imbécile!

Le garçon écarquille les yeux. Vivi hausse les épaules et précise sa pensée :

– Le sang en bas, couillon!

Elle pointe le doigt sur le tissu de sa robe qui garde l'empreinte de sa pression au niveau de l'entrecuisse.

– Tu me dis toujours que tu vas les avoir... J'y crois plus maintenant! Allez! faut que j'y aille...

10

Il fait bon dans l'église. C'est le seul endroit qui reste frais. Aujourd'hui, avec les vacances, il n'y a pas trop de monde pour la messe. L'enfant aime bien cette église avec ses odeurs d'encens, ses cierges allumés qui font de belles couleurs. Il aime les pas mystérieux qui résonnent dans les voûtes, les éternuements qui ricochent sur les grands piliers, le soleil qui illustre les vitraux d'une myriade de rayons incandescents qui se posent sur le visage blessé d'un saint, ou d'un apôtre. C'est si calme ici, si doux.

Le bois des bancs et des prie-Dieu sent bon l'encaustique et les grandes dalles médiévales gardent les odeurs d'eau de Javel. « Et puis, pense souvent le Petit, il y a tant de mystères ici ! surtout du côté du tabernacle, couvert de magnifiques napperons brodés qui feraient vachement bien à la maison ! »

Pour lui, la plus belle cérémonie... c'est l'enterrement. Il ne se lasse pas de regarder tous ces visages en pleurs. Il s'imagine qu'il assiste à son propre enterrement, et il se sent très ému de constater combien sa disparition touche les gens... A tous les coups ça lui tire les larmes. Il en vient à se regretter. Une fois, il a même murmuré, en pleurs dans la pénombre : « J'étais vraiment un chic type ! Qu'est-ce que je vais devenir sans moi... Je vais beaucoup me manquer... »

Quelquefois, c'est si beau du côté de l'autel qu'il croit sincèrement qu'un miracle va se produire. Alors il formule à voix basse toujours le même vœu : « Qu'il ne boit plus, le père ! »

Mais le miracle ne s'est pas réalisé. Alors l'enfant

doute... Il doute des boniments du curé, il doute de l'existence de ce Dieu qui ne devrait pas tolérer des choses pareilles. Néanmoins, il aime bien cette église dans laquelle il se sent protégé, à l'abri. Et puis, pendant les offices, il se passe tellement de choses...

Le Petit consent généralement à réciter un « Notre père » ou un « Je vous salue Marie ». Il l'apprécie beaucoup, Marie. Il la trouve très douce, mignonne et c'est avec un bel enthousiasme qu'il récite bien fort, en articulant de son mieux : « Je vous salue Marie, pleine de grâce, le Seigneur est avec vous... » Il arrive que, d'un froncement de sourcil, le curé, qui a toujours la soutane tachée, soit contraint de tempérer sa vivacité.

Le Petit aime bien que Marie soit pleine de grâce. Mais il n'apprécie pas trop que le Seigneur soit avec elle... Surtout que ce Seigneur lui paraît trop autoritaire. Il le trouve trop sérieux. « Et puis l'autre là, qui est né avec l'opération du Saint-Esprit, c'est quand même dur à avaler », se dit l'enfant.

L'autre jour, dans le cabanon, Vivi a analysé la situation à sa manière :

– Tu parles d'une opération du Saint-Esprit ! C'est bidon, ça ! Ta Marie, elle s'est fait opérer des ovaires, vouais ! Et elle ne peut plus avoir de môme, c'est tout ! Elle est sèche comme un hareng !

Le Petit a refusé le débat sur ce thème. Il ne se sent pas qualifié pour parler de ça... Il pense qu'il y a trop de choses compliquées dans le corps de la femme... Quand ce grand dadais de Negroni parle de vagin, de clitoris, de petites lèvres... il ne sait plus où il en est, le gamin ! Alors quand Vivi lui parle des ovaires, il n'est pas loin de se demander : « Pourquoi les femmes ont les os verts ?... »

A l'église, une fois qu'il en a fini avec ses deux prières, le Petit passe tout son temps à observer l'assistance, et plus particulièrement les filles endimanchées, coincées entre les parents ou près d'une quelconque tante revêche.

Au moment de la communion, il s'engage dans l'allée centrale où il rejoint la procession aux bras croisés et à la gueule enfarinée. A quelques mètres de l'autel, il s'agenouille avec un recueillement exagéré sur les marches froides. Il tente parfois de se pincer le nez car il supporte difficilement les odeurs de parfum et d'eau de toilette bon marché, mélangées aux haleines piquantes, aigres du matin.

Au moment où le curé dépose sur sa langue l'hostie, l'image de Vivi s'impose à lui. Il pouffe de rire, tousse si fort qu'il recrache l'hostie sur les marches. Ce n'est pas fait pour plaire au curé qui lui lance un regard à faire tomber Jésus de sa croix. Il lui tend néanmoins une partie symbolique du Christ une seconde fois. « C'est rare, se dit l'enfant, d'avoir du rab chez le curé... »

Comme tous les dimanches après la messe, le Petit retrouve la bande sur la place Saint-François, devant la boutique du pâtissier Lopez. Avant de se joindre au groupe, il a d'abord collé son nez sur la vitrine de la pâtisserie, inspectant avec gourmandise d'abord la rangée d'éclairs au chocolat et au café, puis la forteresse de babas au rhum agressés par une colonie de guêpes gavées, ivres de sucre et d'alcool. Il s'est décidé enfin, comme d'habitude, pour le crémeux mille-feuille, qu'il déguste toujours selon le même rituel : d'un coup de langue, il dégage d'abord la croûte ferme chocolatée et vanillée, puis il lèche la crème qui sépare les différentes couches en considérant qu'il y a abus sur la marchandise, n'ayant toujours pas compris pourquoi on appelait ce gâteau un mille-feuille alors qu'il n'en compte que cinq superposées.

– T'en veux une ?

C'est le gros Lopez, le fils du pâtissier, qui a parlé. Il vient de faire sa distribution aux copains. Il y a là Caro, Negroni et deux plus grands que le Petit ne connaît pas.

– Tu veux une clope ? redemande Lopez.

– T'es con ou quoi ? fait Negroni en le retenant par la manche.

Il regarde l'enfant avec un certain mépris et ajoute :

– C'est du lard donné au cochon...

– Cochon toi-même ! répond le Petit.

Lopez hésite, regarde ses copains un à un. Le Petit tend la main.

– Et pourquoi j'en fumerais pas une de Pall-Mall, moi ?

– Parce que t'es trop jeune pour apprécier les bonnes choses. Les « P 4 » te suffisent bien, rétorque Negroni, gouailleur.

– T'as qu'à en fumer, toi, répond l'enfant sans se laisser impressionner par les grands.

Il ajoute, en toisant Negroni :

– Couillon, c'est comme si tu fumais de la paille !

Le Petit sait de quoi il parle. Il en achète parfois en

affirmant à la buraliste que c'est pour son frère. Ces cigarettes se vendent dans un petit paquet bleuté par quantité de quatre. On les appelle aussi les « Parisiennes ». Le Petit ne sait pas pourquoi Negroni considère « qu'elles sont aussi dégueulasses que les troupes – celles qui sont ramenées de l'armée par son oncle ». En grand connaisseur, il explique à ses copains :

– Ça te brûle les sinus, con ! et, quand tu avales la fumée, ça te repeint les poumons en noir et ça te file une haleine de poilus de 14.

Il conclut, très docte :

– C'est simple, c'est comme si tu te mettais à chiquer !

– Après le mille-feuille j'ai pas envie de chiquer, à tous les coups ça me fait rendre..., reprend le Petit.

Il faut dire également que l'enfant aime énormément l'emballage élégant, rouge et fin, du paquet de Pall-Mall. Il se promet d'en acheter un qu'il planquera dans le cabanon et qu'il fumera exclusivement avec Vivi.

– Allez, con ! montre si tu sais fumer... tire une taff, pas plus ! fait Lopez en tendant sa cigarette au Petit.

L'enfant porte la Pall-Mall à sa bouche, aspire longuement et recrache la fumée par le nez.

– Pas mal... pas mal du tout même... juge Lopez qui se ressaisit sans tarder de son bien.

Il inspecte la cigarette auréolée d'humidité, fait une petite grimace et ajoute :

– Pas mal, vouais, mais tu mouilles trop, con !

Il s'apprête à la porter à sa bouche et conclut, après une autre grimace, de dégoût cette fois :

– Garde-la... Tu baves trop mon vieux, je veux pas attraper tes microbes !

Le déjeuner du dimanche à la maison a quelque chose d'apaisant. « On se croirait dans une famille normale », se dit souvent l'enfant. C'est exceptionnel ce jour-là. Même le père ressemble à un vrai père. Il se lève généralement le premier. Il fait d'abord une longue toilette en bloquant la porte de la cuisine avec une chaise qu'il coince contre la poignée. Il se rase avec minutie, use en abondance d'after-shave « barboté » à la pharmacie et répare lui aussi la semelle de ses chaussures au crêpe fatigué. Elles s'affaissent en débordant sur le côté, formant une boursouflure spongieuse qui donne une drôle d'allure aux pieds. Le père fait alors chauffer un tisonnier et, quand il est incandescent, il l'applique sur le crêpe en ramenant tout ce qui dépasse de la chaussure vers le centre de la semelle, ainsi renforcée pour une bonne semaine. Une odeur de caoutchouc brûlé traîne alors dans toute la maison.

Après cette opération, il prend en charge la cuisine. Les rares dimanches d'abondance, au lendemain du paiement des allocations familiales, il mitonne avec passion le civet de lapin. Il fait la sauce à base de farine avec des feuilles de laurier, de l'huile d'olive et du thym. Ces bonnes senteurs s'éparpillent vite dans toute la maison. Elles se posent sur les murs, sur la table de la cuisine couverte d'épluchures de pommes de terre, d'oignons et de salade frisée. Elles glissent dans les chambres et prennent la fuite à travers les interstices des persiennes à l'espagnolette à demi fermée. Elles retombent dans la cour et rivalisent avec les odeurs de côtelettes du père Rode, qu'il fait griller entre deux pierres sur un lit de sarments rougeoyants. Enfin, elles achèvent leur périple du côté de la cage d'escalier sous laquelle, dans la pénombre, Vivi et le Petit s'embrassent à pleine bouche.

A ce moment de la matinée, il en a plus rien à faire, le Petit, des bonnes odeurs de cuisine. Il aime tellement se retrouver dans les bras de son amie. Et cette impression incroyable en reprenant sa bouche magique, comme si c'était toujours la première fois. Et cette langue qu'elle glisse en lui avec tant de passion, de gourmandise, d'habileté que ce n'est pas imaginable! Il aime encore, l'enfant, poser de petits baisers furtifs, répétés, sur la bouche cerise de sa petite copine. Parfois, elle dit, sur un ton qui laisse transparaître son exaspération :

– Arrête! tu picores, tu m'embrasses comme un oiseau. Je préfère quand tu mets la langue...

Souvent le Petit s'étonne de la voir si experte. Il n'ose pas lui demander comment elle a appris à embrasser comme ça!

Elle s'empare si fort de ses lèvres qu'elle le recouvre presque jusqu'au nez. Il ressort tout mouillé de salive de ces étreintes passionnées, mais il ne veut surtout pas s'essuyer. Il prolonge ainsi plus longtemps l'odeur de sa bouche. Mais aujourd'hui Vivi se dégage soudain vivement et c'est elle qui prend l'initiative : elle passe sa main sur la bouche du Petit pour effacer toute trace. Elle fronce les sourcils, fait une petite grimace du nez, hume l'air autour d'elle et constate :

– Ça y est vous avez touché les alloc'. Ça empeste le civet !

– Vouais, tu as tout juste ! C'est le grand jour, on bouffe comme chez les riches...

Vivi se dégage en défroissant sa robe du dimanche.

– Eh ben moi, couillon, ça me coupe les effets... Basta, ça suffit !

– Moi, ça me dérange pas, répond le Petit qui tente de la retenir par la taille.

– Non ! on arrête... J'aurais l'impression d'embrasser un lapin, conclut-elle fermement.

Il a longuement saucé son assiette avec un morceau de pain frais bien craquant. Il reconnaît que son père n'a pas son pareil pour réussir le civet. Un moment, il s'est mis à le regarder presque avec tendresse. Tandis qu'il déguste les oreillettes saupoudrées de sucre glace, il observe cet homme qui se tient droit près du balcon surplombant le grand acacia de la cour. Le crayon de papier entre les doigts, il bataille nerveusement avec son journal de mots croisés. Dans cet exercice aussi, il excelle et il impressionne toute la famille. Il passe alors pour un érudit qui fait momentanément la fierté de ses enfants et de sa femme. « Pas de doute, pense l'enfant... il en sait vachement des choses, le père... »

Il l'entend soudain répéter plusieurs fois, de sa belle voix grave : « Horizontalement en quatre lettres : bête noire de Dagobert... »

Il mordille son crayon, regarde un instant les branches épineuses de l'acacia, passe un doigt dans le col de sa chemise blanche impeccable et, sans hésiter plus longuement, il couche sur le journal le mot recherché. Le crayon sautille avec une étonnante rapidité d'une case à l'autre.

L'enfant souhaiterait tant l'aimer, ce père si lointain. « Que faudrait-il, se demande le Petit, pour qu'il soit vraiment un papa ? » Rien, à ce moment, n'indique dans son attitude qu'il peut se métamorphoser, sous l'emprise de l'alcool, en une véritable brute.

Comment effacer en lui ces images de la mère meurtrie, souillée, battue comme un chien, suppliant pour que cessent les coups ?

Comment oublier ces peurs de la nuit où le moindre bruit de meuble déplacé, le moindre soupir annonce le début des hostilités?

Hier soir encore l'hystérie, la démence sont entrées dans la maison.

Crispé dans son lit, les muscles tétanisés, le cœur en folie, la tête enfouie dans le traversin, le gamin a d'abord entendu le père, envahi d'alcool, frapper et injurier la mère. Sous la porte, par le trou de la serrure, les coups se sont glissés progressivement dans sa chambre. Successivement en bruits mats, étouffés, ils ont éclaboussé les murs, volé le sommeil de l'enfant et ranimé sa peur, son angoisse et son dégoût des adultes.

Puis il y a eu un silence. Au moment où le Petit s'apprêtait à se réfugier dans l'oubli de la nuit, il a perçu ces gémissements d'une tout autre nature. Il a parfaitement identifié les « han-han » bestiaux de l'homme avide, maintenant, de plaisir.

Les sanglots de l'enfant ont fini par couvrir les soupirs indécents de la réconciliation...

Les événements de la veille ne semblent pas avoir laissé de trace dans le comportement du père et de la mère. C'est un autre homme qui se tient à présent devant l'enfant.

Un bruit de moteur d'avion vient troubler le silence chaud qui pèse sur ce début d'après-midi. Le père lève la tête et se retourne vers son fils :

– Viens voir, Petit, c'est le Marcel Doret qui va faire ses acrobaties.

L'enfant se précipite et rejoint son père, accoudé à la rambarde du balcon recouvert de géraniums écarlates.

Le biplan se contorsionne en tous sens dans le ciel couleur métal, théâtre gigantesque où un homme seul, aux commandes d'un petit avion, défie l'espace, les lois de la gravité, de l'équilibre, de la raison, de la sagesse. « Il a peut-être des enfants ce pilote, ce héros, pense l'enfant. Ce doit être fabuleux d'avoir un père qui fait des trucs pareils. »

– Loopings... Feuille morte..., commente le Petit avec enthousiasme, habitué qu'il est au spectacle dominical du pilote qui vient régulièrement s'entraîner, toujours à la même heure, dans son biplan aux ailes rayées de rouge et de blanc.

Il regarde maintenant l'avion s'éloigner en pétaradant,

entre ce bout de terre, brûlée là-bas loin par le soleil et l'horizon, qui se confond avec ce trait de mer parfaitement rectiligne.

– Allez, viens, Petit... on va aller faire la balade avec ta mère, dit le père en fermant les persiennes...

La promenade aussi appartient au rituel dominical, avant de retrouver Vivi – à la fraîche – dans le cabanon.

Le chemin est toujours le même. Tous trois endimanchés, ils remontent d'abord le chemin vicinal numéro 108, bifurquent à gauche pour longer la voie de chemin de fer du petit train de Palavas. Au passage à niveau, bordé de broussailles, ils rejoignent la route qui mène à la coopérative vinicole du parc de Lagarenne.

Ils s'engagent ensuite sur l'avenue de Toulouse dans laquelle la maman s'empresse d'acheter les pâtisseries du goûter : deux babas au rhum pour elle et son mari et, bien sûr, un millefeuille pour l'enfant.

Il marche la plupart du temps entre les deux adultes. Il tient la main de sa mère mais n'ose pas prendre celle de son père.

Quelquefois, l'enfant fait un écart et se met à courir à une dizaine de mètres devant ses parents. Il interrompt soudain sa course et observe le couple qui avance vers lui... Il trouve que son père, malgré sa légère claudication, qu'il atténue savamment avec sa canne, se déplace avec beaucoup d'élégance. Été comme hiver, la mère sort avec son unique tailleur noir très légèrement cintré à la taille et qui s'ouvre sur un chemisier blanc au col en dentelle fine. Ses cheveux tirés en arrière dégagent son visage à l'ovale si parfait. Seul le tour de ses yeux témoigne d'une grande lassitude. Bien que son regard ait perdu considérablement de son éclat, l'enfant trouve que sa mère reste belle.

Il laisse passer le couple devant lui et le regarde s'éloigner. Il ne s'explique pas le flot de larmes qui lui obstrue la gorge et qu'il retient désespérément. Cette fois, c'est de bonheur qu'il a envie de pleurer. Il contemple encore ses parents qui traversent la rue et se dit, la gorge serrée : « Qui pourrait deviner en lui la violence et la déchéance ? »

Ils ont pris place sur les chaises de jardin à la peinture écaillée du « Balto ». C'est le café terminus de leur promenade. La terrasse est couverte presque sur toute sa longueur d'une pergola sur laquelle s'enchevêtrent des fils de fer rouillé qui retiennent plusieurs treilles d'aubépine et de lierre sous lesquelles il fait bon.

Ils sont restés là près d'une heure sans trop se parler. Le Petit a bu un diabolo menthe. Il n'a pas osé commander le fameux « demi tango panaché » qu'il boit habituellement avec la bande de Lopez après la messe. Il aime cet étrange mélange de bière, de grenadine et de limonade qui plaît bien aux jeunes car il permet de faire de fameux concours de rots...

Sur le retour, après le passage à niveau, juste avant de s'engager sur le chemin vicinal, le père a ralenti considérablement la marche.

– C'est ma pauvre jambe, a-t-il dit comme pour s'excuser.

Il a posé un instant son pied sur le rail et a repris, d'une voix à peine intelligible :

– Avancez sans moi. Je vais m'arrêter un instant chez Barbier pour me reposer et faire une petite belote...

La mère a froncé aussitôt les sourcils et son visage est devenu plus pâle encore.

– C'est vraiment nécessaire ? a-t-elle demandé sur un ton qui cachait mal sa contrariété.

L'homme s'est éloigné sans répondre. Le Petit a serré très fort la main de sa mère jusqu'au portail gris de la Villa des Mimosas. Là, Vivi l'attendait depuis un long moment.

C'est la première fois qu'ils restent si longtemps, le soir, dans le cabanon. Un rayon de lumière rose s'est glissé sous la porte et ricoche sur la boîte à gâteaux en fer-blanc, qui renvoie sur le visage des enfants des reflets soyeux et sur les vieux meubles alentour un peu de brillance et d'éclats vermeils.

– On dirait que t'as pas envie..., fait remarquer Vivi avec un accent de reproche.

– Mais si, j'ai envie.

Ils se sont déshabillés en gardant juste la culotte. Le garçon a examiné attentivement les petits seins de la gamine.

– Ils ont grossi, hein ? Ça t'épate..., dit fièrement Vivi.

– Ils sont jolis..., répond le Petit en n'osant plus poser ses yeux sur la poitrine de la fillette.

– T'as vu aussi les mamelons, ils ont vachement grandi !

L'enfant regarde, dubitatif, les petites taches ambrées. Une lumière apaisante baigne maintenant le cabanon. Elle décline rapidement et nimbe le corps des deux enfants d'un halo ocre qui donne l'impression de les traverser pour disparaître enfin dans le vieux canapé, recouvert d'un dessus-de-lit bistre, auréolé par le temps de traînées blanches et mordorées...

– Et puis, ils poussent, les petits bouts, quand on les tripatouille...

– Ah bon? commente le Petit d'un air un peu niais.

Vivi s'étend sur le dos, joint ses deux mains sous la nuque. Ses yeux fixent une toile d'araignée accrochée au coin du vieux buffet bancal qui menace sans cesse de basculer et de s'écraser sur le canapé.

– Viens sur moi! murmure la fillette d'un ton presque suppliant.

Le Petit répond immédiatement à la demande. Il sent aussitôt son sexe se durcir sur le coton rugueux de son slip. Il embrasse passionnément sa petite amie en accentuant sa pression sur son corps. Il a cru un instant qu'il était entré en elle. Il n'a pas su identifier, un peu plus tard, si cette partie si gonflée entre les cuisses de sa copine était les petites ou les grandes lèvres. Cette fois, il s'est juré de se documenter plus sérieusement en consultant, s'il le faut, la cinquantaine de numéros de la sélection du *Reader's Digest* qu'il a récupérée du déménagement d'un voisin. « C'est bien le diable, si j'en trouve pas un de numéro qui m'explique tout sur les filles... »

Quand il s'est enfin écarté, à bout de souffle, il a vu une petite tache rouge sur son slip. Il a senti son sexe tout irrité. A son tour, Vivi a remarqué l'empreinte suspecte.

– C'est toi ou c'est moi? a-t-elle aussitôt demandé avec inquiétude.

Le Petit a fait non de la tête.

– Parce que c'est bien possible que je les aie, mes trucs...

Ils sont restés encore un moment l'un près de l'autre en regardant le manège d'une grosse araignée appliquée à raccommoder sa toile abîmée par une grosse mouche qui agonisait en battant fébrilement des pattes.

– Elle arrive quand, ta sœur, alors? a demandé subitement Vivi.

La voix un peu cassée, elle a ajouté :

– Je vais plus te voir quand elle sera là...

– Mais si! que t'es bête...

Le bruit de vaisselle et les cris de sa mère l'ont averti que son père était rentré.

– Faut que je monte...

Ils se sont rhabillés sans précipitation. Au moment où les cris se sont encore amplifiés, Vivi a demandé :

– Il picolait, ton père, quand il était jeune?

L'enfant a froncé les sourcils. Il sait peu de chose de ses parents. Seul son frère aîné lui a raconté quelques bribes de leur vie...

11

C'est en toute hâte qu'ils quittent Casablanca, le 2 janvier 1931. Les avances incongrues d'Henri en direction de l'épouse du propriétaire de la Grande Pharmacie de France ont fini par alerter le mari jaloux. Il a fallu faire les valises très vite et déguerpir en moins de quarante-huit heures.

La traversée sur le *Provence*, un beau navire blanc de deux cents tonneaux, a un goût de vacances. Le père a voulu que la famille voyage dans les meilleures conditions pour oublier les derniers mauvais souvenirs. Appuyés au bastingage du pont supérieur, ils ont l'air aisé et suffisant de ces grands bourgeois habitués aux croisières, aux villégiatures sur la Riviera.

Jeanne baisse la voilette de son chapeau pour dissimuler une larme qu'elle n'a pu retenir.

– Où on va, maman ? demande le petit Jean.

– Là où il fait moins chaud, mon chéri..., murmure Jeanne, la voix pleine de sanglots.

– Allons, tiens-toi ! dit sèchement le père en la considérant avec stupeur.

– On reviendra ? reprend l'enfant...

– Ça m'étonnerait, réplique Henri sur un drôle de ton, comme s'il retenait un rire sarcastique.

Il tend sa canne légère au pommeau couleur argent en direction d'un gros cargo qui entre au port, à un mille de là. La fumée, qui s'échappe d'une grosse cheminée à la proue, dessine un nuage violet et ventru. Puis il retombe et se dissipe dans le sillage blanc du bateau pour former, à la surface de l'eau, des chapelets de vapeur bleutée, qui donnent l'impression de danser comme les lutins espiègles sur les vagues oblongues, presque transparentes.

Les couleurs du jour sont inversées. Le ciel est d'un bleu épais, uniforme. La mer, jusqu'à l'infini, est toute d'un éclat argent. En quittant le port, au bout de la jetée, ils ont entendu pour la dernière fois, depuis le plus grand minaret de la ville, le troisième appel à la prière quotidienne du muezzin. Jeanne a ressenti ces incantations de plus en plus lointaines comme un adieu douloureux.

Elle porte dans ses bras la petite Hélène, habillée d'une robe d'organdi très jolie. Elle-même est coiffée d'un large chapeau recouvert de popeline, à la voilette parme, et d'une robe blanche à boutons de nacre, avec des reflets violets.

Le père, dans un élégant costume crème, très cintré à la taille par une ceinture de tissu avec une grosse boucle noire, a tout aussi fière allure.

– Regarde, mon garçon! dit Henri, soudain souriant.

L'enfant cligne les yeux.

– Regarde, on dirait un gros scarabée noir sur l'eau.

Il pose amicalement sa main sur l'épaule de l'enfant.

– Ça pique un scarabée dans la mer? demande, inquiet, Jean.

Le père ne répond pas. Il jette un coup d'œil agacé vers Jeanne qui, d'un mouchoir blanc bordé de dentelle fine, s'éponge les yeux.

Peu à peu la mer se creuse davantage, tandis que les parents finissent de s'installer dans la cabine, au demeurant très confortable.

Jean se glisse à la proue du navire pour regarder l'étrave déchirer des paquets d'eau dans un bruit de fouet qui claque avec violence.

Des oiseaux de mer aux ailes immaculées viennent lécher le bleu, presque noir à présent, de la houle. Ils se figent un instant au-dessus d'une vague qui pourrait à tout moment les happer, plongent leur drôle de tête dans l'eau turbulente et réapparaissent le bec gavé de poissons, dans un battement d'ailes triomphal.

Jean a rejoint ses parents dans la cabine. Le nez collé à l'un des hublots, recouvert d'un petit rideau rouge, il regarde, fasciné, les crêtes blanches des vagues qui viennent caresser les flancs du *Provence*. Des embruns stagnent un instant sur la paroi de verre épais et glissent sur la carcasse du navire, qui tangue très légèrement. De temps à autre, le roulement de tambour des machines, dans le ventre du *Provence*, l'emporte sur les vaporeux soupirs de la Méditerranée.

Henri et Jeanne rejoignent le pont supérieur. Ils s'allongent sur deux transats et se protègent du vent frais qui vient de se lever avec deux couvertures qu'ils remontent sur eux jusqu'à la taille.

Henri se plonge dans la lecture du roman de Saint-Exupéry : *Courrier Sud*. Jeanne feuillette *L'Illustration*, indifférente aux préparatifs des élections présidentielles et aux rivalités entre Paul Doumer et Aristide Briand. Elle s'arrête juste un instant sur un gros titre qui indique : « Allemagne, raz de marée des nationaux-socialistes! » C'est plutôt la photo d'Adolf Hitler, en chevalier teuton, qui retient son attention. Il est corseté dans une armure étincelante et tient le drapeau de son parti, rouge, cinglé de la croix celtique. Son profil est effrayant. Le menton conquérant, la mèche de cheveux noire parfaitement lisse sur le haut du front : il y a dans cette image quelque chose qui fait peur à la jeune femme. Elle referme vite son journal et dit, le regard vide :

– Je retourne à la cabine... j'ai froid...

Après le dîner, dans le grand salon d'honneur, étincelant sous les lustres, aux murs habillés de marqueteries délicates, Henri quitte subitement sa famille pour rejoindre le grand fumoir. Cette étape ne dure pas bien longtemps. Il se lasse vite de la compagnie hautaine qui l'entoure et qui s'enveloppe avec suffisance de fumée de cigares prestigieux et d'alcools chics aux couleurs rousses et laiteuses. Il se glisse vers les tables de jeu. Là, il retrouve soudain son aisance et ne dissimule pas son plaisir...

A une heure du matin, Jeanne s'éveille en sursaut. Des coups lourds battent la carapace du *Provence*. La jeune femme plaque son front contre le hublot de bâbord et tente de distinguer quelque lueur à l'extérieur. Tout est noir. Le navire semble naviguer dans un gigantesque couloir d'encre. Tout est sifflement et bruit sourd autour d'elle. L'air est lourd et figé dans la cabine.

A présent, les vagues crépitent sur la paroi sombre. De temps à autre, une traînée blanche se glisse à mi-hauteur du hublot. Cette écume indique que la mer est mauvaise.

Jeanne jette un regard affolé vers ses deux enfants qui dorment paisiblement, serrés tendrement l'un contre l'autre, dans la couchette supérieure.

Au-dessus, une veilleuse donne un brin de clarté jaune dans la cabine. La jeune femme entrouvre la porte. Une violente lumière blanche éclate dans le long et étroit couloir, garni de part et d'autre d'une trentaine de portes en chêne verni, aux poignées de cuivre méticuleusement astiquées. Comme aveuglée par tant d'éclat, elle s'apprête à refermer. A cet instant, elle reconnaît la silhouette longiligne et claudicante d'Henri, à l'autre extrémité.

Ce n'est pas le roulis qui le fait tanguer ainsi. Il se heurte violemment aux rampes de bois qui bordent chaque côté du couloir. Jeanne se précipite. Henri a le visage défait. Une fois de plus, il empeste l'alcool et le tabac froid...

Ce n'est que le lendemain, au milieu de la matinée, que la jeune femme apprend qu'Henri a perdu au jeu plus de la moitié des économies réalisées au Maroc.

Quand ils débarquent à Marseille, il fait très froid. Les quais sont couverts d'une pellicule de glace bleutée. Un soleil rose très anémique se pose sur les carcasses rouillées de vieux bateaux restés à quai. Les pavés disjoints luisants de verglas constituent des pièges qu'il faut savoir éviter.

Jeanne n'a pas su, apparemment, être prévoyante. Malgré la double épaisseur de pull-overs que la famille a enfilés en toute hâte... les uns et les autres grelottent.

– Il faut acheter tout de suite des manteaux pour les enfants, dit-elle en serrant contre elle la petite Hélène.

– Allons d'abord à l'hôtel. Je dois prendre immédiatement des contacts pour retrouver un emploi... C'est bien plus urgent!

Le ton sur lequel Henri vient de parler n'appelle aucune réplique. Il vient d'ordonner et il s'agit de ne pas le contrarier. A pied, dans la froidure hivernale particulièrement rigoureuse, cette année-là, dans le sud de la France, ils rejoignent l'hôtel. Tout à fait transis, ils franchissent le seuil de l'établissement, sous l'œil circonspect du portier qui se demande d'où surgit cet étrange équipage.

L'endroit est plaisant, luxueux même. La brochure

que consulte Jeanne, tandis qu'Henri règle les formalités d'usage, indique que tout, ici, est raffiné. La cuisine se veut subtile, les vins sont des millésimes de 1875 à nos jours et les voitures spéciales de desserts, suivis d'eaux-de-vie rares, expriment la tradition et l'originalité du lieu, qui met également à la disposition de sa clientèle des suites extrêmement confortables. Mais le raffinement se paie cher. Les économies ayant été considérablement entamées, ils n'occuperont cet hôtel que deux nuits...

Ils s'installent dans une modeste pension de famille. L'adaptation est plutôt difficile. Le jour où Henri, triomphant, annonce qu'il a une proposition d'emploi comme préparateur en chef non loin de Marseille, dans la petite ville romaine d'Arles, Jeanne l'informe qu'elle est enceinte.

Il tient encore à la main sa lettre d'embauche. Au sourire de satisfaction, de courte durée, succède immédiatement un rictus qui se transforme en grimace d'irritation. Les lèvres blanches, le nez pincé, l'œil noir, il lance :

– Ce n'est pas le moment, bon sang ! Tu ne peux pas le garder... Faut que tu avortes, Jeanne !

Pour la première fois, elle est décidée à faire front. Son visage s'empourpre.

– Avorter ? Jamais je ne ferai passer cet enfant, jamais, tu entends !

Henri est abasourdi par son attitude. Il dévisage Jeanne comme s'il la découvrait pour la première fois.

Il n'est pas homme à se laisser impressionner mais le visage de Jeanne dit toute sa résistance à la proposition de son compagnon. Il comprend alors que ce n'est pas par la force qu'il parviendra à la convaincre. Aussi, il s'approche d'elle calmement, pose sa main sur l'épaule de la jeune femme. Figée devant la fenêtre, elle lui tourne le dos.

Henri soupire et dit d'une voix mielleuse :

– Mais Jeanne, on n'est toujours pas mariés. Ce n'est pas raisonnable d'avoir un troisième enfant !

Il marque un temps, marche jusqu'à l'extrémité de la pièce, s'éclaircit la voix et ajoute :

– Je peux facilement trouver quelqu'un qui fera proprement le travail...

– Je n'en veux pas, de ta faiseuse d'anges, t'as compris ! Et puis c'est trop tard, je suis enceinte depuis plus de quatre mois...

– Bourrique! Tu ne veux rien savoir.

Blême, exaspéré, Henri lève la main et assène à la jeune femme une gifle qui lui fait perdre l'équilibre. Jeanne heurte dans sa chute le coin en marbre d'une commode. Jean, sur le pas de la porte, n'a rien perdu de la scène. Son père passe devant lui, à grandes enjambées, en le poussant du bras.

– Reste donc pas dans mes pattes, toi! dit-il, la rage aux lèvres.

L'enfant tombe à son tour, mais il se relève prestement et se précipite vers sa mère, étourdie par le choc. Un filet de sang coule au-dessus de son œil droit.

– Maman, maman, qu'est-ce que tu as?

– Ce n'est rien, mon chéri, ça va mieux... Ne t'inquiète pas.

De toute la force de ses six ans, le petit garçon tente d'aider sa mère à se relever.

– T'as plein de sang partout, maman! tu vas pas mourir?

Jeanne, à genoux, la tête en feu, étreint l'enfant passionnément; joue contre joue, larmes emmêlées, la jeune femme couvre le visage de son fils de petits baisers nerveux.

Celui-ci, affolé, a relâché sa vessie involontairement. Dans l'incapacité totale de bouger, il patauge dans une flaque d'urine. Le visage couvert de sang, Jeanne se relève et emporte l'enfant dans la salle d'eau.

Henri ne rentre pas coucher. Il erre toute la nuit d'un bistrot à l'autre, entre la Canebière et la rue Paradis. Il finit par mettre un terme à ses tribulations dans un hôtel de passe nord-africain. Il retrouve là l'ambiance anisée des soirées vécues entre hommes, à Casablanca.

L'installation à Arles se fait dans une étonnante euphorie. Henri, dont on sait la compétence, réussit parfaitement dans son nouvel emploi.

Jeanne apprécie particulièrement la nouvelle maison entourée d'un jardin où fleurissent tour à tour de magnifiques glycines mauves, des primevères jaunes, des marguerites ventrues au milieu de bouquets de thym et de végétaux plus sauvages encore. Les enfants s'ébattent joyeusement dans cette verdure saturée d'odeurs piquantes, tandis que leur mère, sous la tonnelle, prépare la nouvelle layette en écoutant à la T.S.F. le dernier grand succès de Tino Rossi. Jeanne voit en l'artiste le symbole de la tendresse qui lui manque tant. Elle se laisse bercer par ces ritournelles ensoleillées, tandis que s'affaire dans la cuisine Apolline, la bonne, une jeune Arlésienne au visage poupin. Très dévouée à la famille, elle promène régulièrement les enfants dans la cité romaine.

Pour dimanche, son amoureux, Narcisse, a proposé d'emmener toute la famille en Camargue, dans sa belle Citroën... Jeanne a tout de suite accepté.

Au dernier moment Henri a refusé d'embarquer, prétextant une grosse commande à préparer à la pharmacie. Jeanne a essayé de masquer sa déception.

Il y a maintenant plus d'une heure qu'ils roulent dans la Citroën au volant en bois, large comme une roue de bicyclette et qui étonne les enfants.

Depuis un moment, sur le coin droit du pare-brise, une sauterelle brun et vert joue les passagers clandestins, les pattes figées sur le caoutchouc chaud de l'essuie-glace. La roue gauche heurte violemment un nid-de-poule, ce qui fait sursauter toute la famille sur les banquettes qui collent aux cuisses.

A l'arrière, Jeanne, confortablement installée, paisible, bercée par le ronronnement du moteur, la petite Hélène sur les genoux, regarde le paysage défiler. Elle tourne la tête vers la gauche. Des chevaux camarguais, aux flancs blancs tachetés de gris, s'ébattent jusqu'aux jarrets dans les marais bruns, baignés par une lumière qui nimbe de douceur la nature environnante.

Narcisse tourne vers l'arrière sa nuque épaisse, dorée par le soleil et délimitée par le trait blanc du coup de rasoir du coiffeur.

– Ça va, madame Jeanne ? Vous n'avez pas envie de rendre ? Parce qu'avec tous ces virages, on ne sait jamais...

– Ne vous inquiétez pas, Narcisse, je me sens merveilleusement bien !

– Vous me dites, sinon... Il faut pas le secouer hein ! le pitchounet que vous attendez...

A cet endroit, le chemin est plus étroit. Des grappes de moucherons stagnent sur les vitres latérales de l'automobile. Narcisse ralentit. Le bruit des vitesses craque dans l'air épais que déchire la Citroën avec un long sifflement.

A proximité d'un vieux pont métallique, Narcisse lance, dans le bruit de compression des freins :

– Les Tourradons... Tout le monde descend!

Dans un joyeux claquement de portières, la petite troupe, paniers de provisions à la main, descend se mettre à l'abri du vieux pont rouillé. Il est recouvert de traverses de chemin de fer qui vibrent au passage du moindre véhicule, mais il protège bien du soleil.

Après le déjeuner, les enfants s'endorment sur les couvertures. Jeanne regarde avec envie Apolline et Narcisse qui s'éloignent, tendrement enlacés. A cet instant, elle mesure sa solitude. L'image de ce couple amoureux provoque en elle une émotion qu'elle ne peut contenir. Elle finit par détourner la tête, s'allonge et se laisse bercer par le bruissement des roseaux du marais. Le claquement sec des mâchoires des « gamarguais », qui se gavent d'herbes folles, la sort de sa rêverie. Derrière la barrière de fil de fer barbelé qui délimite l'espace marécageux de la route sablonneuse, les chevaux indolents vont et viennent, crinière au vent, babines retroussées de plaisir et de bonheur.

Au milieu de l'après-midi, Narcisse propose une balade dans une barque à fond plat. Toute la famille embarque et s'aventure dans des petits canaux adjacents.

La barque froisse l'eau verte et se fraie un passage à travers les herbes longues et coupantes qui pointent leur tête à la surface du marais, encombré çà et là de vieux troncs déracinés, de branches en fleurs, arrachées par un méchant coup de mistral.

Jeanne laisse traîner une main dans l'eau fraîche.

– Attention aux crocodiles! lance Narcisse avec son rire d'enfant.

Jean le regarde, soudain très inquiet.

– Je blague, collègue... il n'y a pas de crocodiles par ici.

Ils rentrent au moment où la lumière décline, sur le marais, dans un mariage de rose et de violet.

Quand ils arrivent à la villa, ils découvrent Henri qui les attend sous la pergola, un grand sourire aux lèvres. Il prend Jeanne par le bras et l'entraîne vers la table basse en rotin.

Il remonte les bretelles de son pantalon qui pendent sur ses hanches.

– Regarde ça, Jeanne, regarde bien!

Il désigne une boîte à biscuits octogonale, au couvercle de métal rouillé.

– Allez! ouvre, ma fille...

Jeanne hésite. Elle regarde autour d'elle, interroge Apolline du sourcil, et se décide enfin. La jeune femme tente d'ouvrir la boîte; le couvercle résiste.

– Je n'y arrive pas, dit-elle, l'air navré.

Narcisse s'approche pour lui venir en aide. Henri s'interpose et lui arrache la boîte en haussant les épaules. Il ne peut cacher son impatience.

– Attention! Et voici! Et voilà!

Le couvercle roule sur le sol. Jeanne découvre la première une grosse liasse de billets dont son compagnon s'empare avec une avidité qu'il est incapable de dominer.

– C'est le résultat des courses... la chance m'a enfin souri!

Jeanne, soudain très pâle, ne sait plus si elle doit se mettre en colère, pleurer ou rire... D'une voix cassée qu'elle tente d'éclaircir, elle dit :

– Tu avais promis de ne plus jouer, Henri... Tu avais promis!

– Mais rends-toi compte un peu, ma fille! Je me suis refait à Avignon... Et bien refait! Regardez-moi ça, tous les deux, vous n'en verrez jamais autant...

Il fait passer la boîte successivement sous les yeux de Narcisse et de sa compagne, qui pleure tout doucement en murmurant :

– Mon Dieu, mon Dieu! Tout cet argent... C'est sûr qu'on n'en verra jamais autant.

Narcisse, agacé par ce spectacle, laisse échapper son émotion. Visiblement, les billets qui s'étalent devant lui ne provoquent pas son admiration.

Henri, très suffisant, se tourne vers Apolline et ordonne :

– Allez, va! amène-nous la bouteille d'anis...

La jeune fille marque un temps avant de réagir. Elle essuie ses yeux rouges.

– Allons, Apolline, dépêche-toi! reprend Henri.

Elle remet en place une mèche de cheveux qui vient de glisser sur son front, jette un coup d'œil navré vers Narcisse et se précipite à la cuisine.

L'événement se fête très tard dans la maison. A plusieurs reprises, Narcisse tente de battre en retraite. En vain. A la deuxième bouteille d'anis, il entreprend de raisonner monsieur Henri.

– Il faut arrêter maintenant... Et puis à moi, la tête, elle me tourne, et je dois ramener la Citroën...

Bien que très agacé par la situation, Narcisse reste courtois et respectueux à l'égard de monsieur Henri, qui ne veut rien entendre... Il bafouille, s'énerve, renverse d'abord un verre, puis la table en tentant de se relever. Les enfants prennent peur. Apolline les couche et les berce longuement avant qu'ils s'endorment enfin...

Deux heures plus tard, Henri s'écroule dans un demicoma éthylique. Narcisse aide Jeanne à le transporter dans la chambre. Le garagiste ne peut s'empêcher d'exprimer sa compassion :

– Ma pauvre madame Jeanne, si c'est pas malheureux de voir un homme aussi intelligent s'abîmer comme ça !

Quinze jours plus tard, naît un troisième enfant : c'est un garçon. Jeanne décide de le prénommer Alain.

Les bras chargés de fleurs, Narcisse triomphe. Il arrive à la villa, rouge comme un coquelicot, heureux, plus exubérant que jamais.

– Je vous l'avais bien dit, que ce serait un pitchounet...

Il donne l'impression de manifester plus d'enthousiasme que le vrai père... très absorbé par la pharmacie, le champ de courses et le casino, où les derniers gains sont partis en fumée très rapidement...

Onze mois se sont écoulés. Henri vient d'être sollicité pour un nouvel emploi près de Perpignan : un vieux pharmacien lui propose de prendre son officine en gérance.

Avant le départ, Jeanne accouche d'un quatrième enfant. Cette fois, Narcisse avait parié pour une « pitchounette ». Il s'est trompé : Pierre naît un dimanche matin.

Jeanne propose à Apolline de faire partie du voyage. La jeune Arlésienne hésite. Narcisse vient de la demander en mariage. Les adieux sont déchirants. Apolline promet de venir « un de ces jours », d'un coup de Citroën, avec son mari.

Dans ces années 30, la France commente sans trop de

vigueur la montée foudroyante du national-socialisme. Le chancelier Hitler exhorte chaque jour davantage le peuple allemand à la xénophobie. Les échos de la chasse aux juifs à Berlin, à Munich, dont parlent les journaux, inquiètent, sans plus... Dans les cafés et les commerces, chacun y va de son commentaire. On admet bien volontiers que « ces gens-là sont quand même assez particuliers... »

Henri reprend à son compte le trop fameux : « Ils sont partout... » et Jeanne, plus mesurée, de répliquer : « Faut pas exagérer tout de même! Moi, ils ne me gênent pas... » En tournant le bouton du magnifique poste de radio qui trône dans leur grand salon, Henri conclut, en plissant les yeux : « Tu verras ce que je te dis! Ils vont tous rappliquer et ils vont tout rafler dans les affaires... C'est des malins... »

Pour le couple, ces années-là marquent l'apogée de la période faste. L'appartement qu'il occupe est extrêmement confortable. Le mobilier est des plus raffinés – commode Louis XVI, fauteuils Voltaire, tableaux, tapisseries, chandeliers et argenterie témoignent abondamment de leur aisance.

La pharmacie est d'un excellent rapport. Henri gère avec perspicacité. Il semble, en apparence, avoir une vie plus équilibrée. Il vient d'obtenir le divorce et peut enfin épouser Jeanne. Aucune cérémonie ne marque cependant l'événement. Il s'agit tout simplement de « régulariser la situation pour les enfants », d'autant que la jeune femme est enceinte pour la cinquième fois.

La formalité administrative se déroule devant un maire grassouillet, stupéfié par cet étrange couple, au livret de famille déjà bien rempli. Dans la salle des mariages de la petite ville de Saint-Laurent-de-Cerdans, c'est du bout des lèvres qu'il invite Jeanne et Henri à prendre connaissance des devoirs des époux. D'une voix nasillarde, asthmatique, hésitante, il interroge d'abord Jeanne :

– Consentez-vous à prendre pour époux, ici présent, Henri...

Elle ne le laisse pas finir sa phrase. Ce « Oui » qu'elle lance avec précipitation marque plus son impatience que son enthousiasme. Il a été si long à venir, ce mariage.

De ses yeux globuleux, derrière d'épais verres de lunettes qui glissent régulièrement sur son nez, rougeaud, piqué par les excès de table, le maire déchiffre le texte de la loi. Il relève la tête, passe sa langue courte et épaisse sur ses grosses lèvres molles et toussote. Il semble impressionné par la raideur et la froideur du visage du marié. Le « Oui », que ce dernier se décide enfin à murmurer devant la table où est posé le registre des mariages, est sourd, à peine intelligible.

Les témoins sont les commis de la pharmacie. Ils ont juré de garder le secret. Tout le monde, ici, croit Monsieur et Madame mariés depuis longtemps. Henri leur a donné la journée pour les remercier de leur collaboration. C'est tout juste s'ils ont pris le temps d'enlever leurs blouses de travail. Une odeur d'ammoniaque semble imprégner leurs vêtements. L'un d'eux, Eugène, un peu gauche, vieux garçon à la trentaine boutonneuse, est en admiration constante devant « Monsieur Henri ». Au moment de signer, il se penche vers le patron avec un air entendu.

– Je suis heureux pour vous et Madame, dit-il d'une voix mielleuse, altérée par l'émotion.

Henri hausse les épaules. L'autre commis, indifférent à la situation, baye aux corneilles. Il fourrage dans ses cheveux noirs d'où s'échappe une pluie de pellicules blanches qui s'étalent sur la couverture noire du registre des mariages. Le maire le referme en s'essuyant le visage inondé de transpiration grasse. Jeanne le regarde avec un peu de tristesse. Henri soupire. Le maire ne peut s'empêcher de jeter un regard de réprobation vers le ventre rond de la jeune mariée. Puis, avec une certaine compassion, il lui tend une main adipeuse pour lui présenter ses vœux de bonheur :

– Vous serez, j'en suis sûr... euh... une aussi bonne épouse que... euh... vous êtes une bonne mère de famille.

Il cherche encore un mot aimable, une formule de circonstance. Il remonte une nouvelle fois ses lunettes sur son nez et bredouille pour conclure :

– La vie précipite parfois certains événements et elle en retarde d'autres... c'est ainsi ! Mes vœux vous accompagnent...

Sous le portrait du président de la République, le maire, pas fâché d'en avoir fini, prend congé des mariés d'une dernière poignée de main molle.

Sur le perron de la mairie, les témoins ne savent pas trop comment se séparer du couple. L'arrivée en grande pompe d'un cortège de calèches fleuries les invite à se déplacer. Jeanne jette un coup d'œil vers la deuxième voiture couverte d'œillets blancs dans laquelle trône une jeune fille dont la traîne de mariée serpente sur la banquette en velours rouge puis sur les marches noires de la calèche que déploie devant elle un cocher empressé et admiratif.

Par crainte de découvrir dans l'assistance une connaissance, un client de la pharmacie, Henri saisit vivement par le bras sa jeune épouse et invite, avec un sourire forcé, les commis à les suivre.

– Jeanne nous a préparé quelques toasts à la maison... on ne va pas se séparer comme ça, dit-il d'un ton qu'il tente de rendre enjoué.

Il remonte le col de sa gabardine beige et hâte le pas. Jeanne trottine à son côté... Les témoins ferment la marche. Quelques gouttes de pluie tachent soudain le trottoir devant eux.

Comme retenue depuis un long moment, sporadique au début, la pluie se fait bientôt de plus en plus dense. En ce mois d'avril capricieux alternent soleil et ondées... Mais les lumières de ce printemps, que Jeanne trouve encore bien froid, sont belles dans le matin. C'est ainsi qu'elle reste souvent un long moment, au réveil, derrière la fenêtre entrouverte de sa chambre qui donne sur le jardin du presbytère.

Sur l'un des deux peupliers, elle guette tous les jours le couple de merles qui donnent leur concert avec une régularité étonnante. Elle reste là un long moment à l'écoute des bruissements multiples dans cet enclos de verdure préservé en pleine ville. Jeanne semble puiser dans cette contemplation matinale l'espérance, l'énergie qui lui permettront d'affronter une nouvelle journée, aux côtés d'un compagnon qui manque d'attention, de tendresse. L'amour que lui témoignent ses enfants ne suffit pas à faire d'elle une femme pleinement heureuse. Elle vit avec une peur que la moindre humeur, que le moindre écart de l'homme peut raviver à tout moment. Tout en elle, dans son corps, semble cadenassé. Et pourtant, tous ses sens de jeune femme, sollicités par la nature verdoyante si proche, pleine de parfums de conifères, de roses sauvages, de glycines en grappes, sont là, en émoi, prêts à s'éveiller, à palpiter, à frémir. Elle sait, malgré les violences subies, les grossesses successives, tout ce qui reste en elle de vibrations, de troubles, de désir... Elle connaît bien sa capacité de résistance et, dans ces années-là, elle garde encore l'espoir de voir son compagnon changer.

Ils ont rejoint l'appartement. Jeanne a repris sa place devant la fenêtre où elle se ressource si souvent, tandis que Clarisse, leur nouvelle bonne, un plateau à la main, propose aux convives des petits fours qu'ils engloutissent entre deux verres de vin blanc sucré, que le « patron » sert en abondance dans des verres en cristal de Bohême.

Progressivement, le visage du commis Eugène s'empourpre. Il est allé au-delà de sa résistancc à l'alcool. Jeanne murmure plusieurs mises en garde en revenant au centre de la pièce.

– Ne le fais donc pas boire comme ça..., dit-elle en catimini à Henri, qui s'amuse de voir son employé perdre pied.

– Il tient le coup, le bougre! s'étonne Henri avec un drôle de rire.

Bientôt, Eugène titube. Il a cet air pitoyable de l'homme qui tente de sauver les apparences. Le grand salon, encombré de bouteilles et de verres, ressemble maintenant à un lieu de beuverie où l'on vient d'enterrer une vie de garçon. Les rideaux et les tentures sont imprégnés de tabac. La fumée des cigarettes couvre d'un voile froid les tableaux et la grande glace du salon, qui renvoie les noires silhouettes alourdies des trois hommes imbibés d'alcool.

Jeanne quitte la pièce pour retrouver les enfants dans la grande cuisine. Un peu plus tard, Henri glisse sa tête hirsute dans l'entrebâillement de la porte. Le visage cramoisi, il lance avec ce drôle de rire de gorge très retenu :

– Je raccompagne les deux bougres... Ils ne tiennent plus sur leurs jambes...

Jeanne ne répond pas. Elle ne lève même pas la tête. Pleine d'appréhension, elle prend dans ses bras la petite Hélène, toute souriante, et se précipite dans sa chambre. Elle se place aussitôt devant la fenêtre qui donne sur le jardin du curé. La lumière décline au-dessus des toits. Les couleurs des arbres s'éteignent lentement. Déjà, des ombres noires se déploient avec précipitation dans l'allée de gravier blanc. Le ciel est bas, pesant, vide. Il pose dans la maison une lueur pâle qui recouvre peu à peu les meubles et les bibelots. Pour Jeanne, cette lumière enveloppe les pièces, une à une, de tristesse, de froid, de mauvais présages.

Elle procède ensuite, avec la bonne, au rituel du coucher des enfants. Puis elle attend. Elle attend longuement le retour de son mari. Dans le silence, elle se prépare au pire. Aussi, elle n'est pas étonnée quand elle le voit enfin entrer, renversant sièges et guéridons sur son passage.

Jeanne lit immédiatement sur le visage de son mari le dépit et la colère.

Elle fait face à ses sarcasmes sans sourciller.

– C'est quand même pas banal d'enterrer sa vie de garçon et de faire sa nuit de noces le même soir..., dit-il en se servant un dernier verre de vin blanc sucré.

Il entraîne brutalement la jeune femme dans la chambre, en lui commandant avec cynisme d'accomplir son devoir conjugal.

Une fois de plus elle subit ce corps qui s'abat sur elle. Elle ferme les yeux pour ne pas voir, en surplomb, ce visage terreux, dément, cette bouche sèche et fétide. Elle cambre tous ses muscles pour résister à la violence de ces mains osseuses qui fouillent en elle. Elle retient ses cris. La douleur la bâillonne. Elle étouffe. Henri lui fait mal. Il bloque ses poignets, tire ses cheveux pour qu'elle ouvre la bouche et il l'inonde de sa semence répugnante qu'il répand avec jubilation sur tout ce jeune corps brisé. Enfin repu, il la libère de son étreinte.

Souillée, épuisée, Jeanne reste longtemps les yeux grands ouverts dans l'obscurité épaisse de la chambre conjugale. La nuit est en elle. La mort est en elle. L'homme a tout volé, tout brisé. Il s'endort en maître absolu, sans remords...

Dans les journées, les mois qui suivent, Henri renoue de plus en plus fréquemment avec l'alcool et le jeu. Bientôt, Jeanne assure toute seule la gérance de la pharmacie, jusqu'au moment où elle accouche du cinquième enfant. De son côté, Henri prétend qu'il va retenter sa chance au casino. Criblée de dettes, la famille quitte précipitamment la ville.

Henri trouve un nouvel emploi à Narbonne. Les meubles ont été vendus. Jeanne, les cinq enfants et son mari occupent deux chambres dans un hôtel près de la gare. Mais bientôt les notes s'accumulent. L'argent fait de plus en plus défaut. La vente de l'argenterie ne suffit pas à payer l'hôtel. Henri organise en pleine nuit un départ à la cloche de bois. Dans une ville voisine, des parents éloignés acceptent de les héberger pour quelque temps.

La famille s'installe définitivement dans la misère au moment où la France entre en guerre contre l'Allemagne.

12

Ce bel orage d'été les a tous réunis dans le cabanon. Il y a, bien sûr, le grand Negroni, Caro, Vivi et le Petit. Ils boivent une sorte de café très clair coupé avec de l'eau glacée et abondamment sucré.

– Il n'y a rien de mieux pour te désaltérer quand tu te chopes la pépie..., dit Vivi en savourant le liquide frais.

La bande, assoiffée, revient d'une longue balade du côté du pont des crapauds. Ce coin-là est leur territoire d'investigation depuis que Caro y a découvert un vieux casque allemand et une baïonnette rouillée. Chacun y va de son hypothèse.

– On va peut-être trouver des flingues, dit Caro, plein d'espérance.

L'orage tonne de plus belle au-dessus du cabanon. L'odeur chaude et étouffante de terre mouillée s'est glissée sous la porte. Parcourue d'un léger frisson, Vivi se pelotonne contre le Petit, sans se soucier de la présence des autres garçons.

– Les Boches, y zétaient surtout dans ce coin-là... reprend Negroni, l'air d'en savoir plus que tout le monde.

– Qu'est-ce que t'en sais? demande le Petit, dubitatif. Il connaît trop le grand Negroni, habitué à fabuler.

– C'est mon père qui me l'a dit!

– Qu'est-ce qu'il en sait ton père?

C'est Caro, cette fois, qui vient de poser la question, après avoir avalé une rasade de café glacé.

– Il le sait parce qu'il était dans la résistance, pardi!

Negroni regarde ses copains, juge avec satisfaction de l'effet de sa révélation et, devant la surprise générale, il estime devoir en rajouter:

– Il posait des bombes sur les voies!

Cette fois, l'adolescent est sûr d'épater son auditoire. Cependant, Caro n'a pas l'air tout à fait convaincu.

– T'étais là pour le voir, peut-être? T'étais même pas né, couillon, à cette époque...

– Il me l'a dit, je te dis! se défend Negroni vigoureusement.

A son tour, le Petit décide de manifester son scepticisme.

– C'est ça! si tu les écoutes, les vieux, ils étaient tous résistants.

Negroni se tourne vers la porte, fait mine de sortir du cabanon puis se retourne en criant :

– Vouais qu'il était dans la résistance, tout le monde le sait!

Le Petit achève de couper un morceau de pain d'épice avec son opinel.

– Il était même général, non?

– Pauvre con! répond Negroni entre les dents.

Cette fois, il prend cet air sombre qui précède la bagarre. Il s'avance vers le Petit et dit avec méchanceté :

– Et le tien? Il était où, ton père?

– Laisse mon père tranquille..., le met en garde l'enfant d'une voix blanche.

– La résistance, ton père, il l'a faite au bistrot du coin..., lâche Negroni en retournant vers la porte.

La main de Vivi détourne instinctivement celle du Petit, qui vient de lancer le couteau qu'il tenait en direction de Negroni. La lame de l'opinel ricoche sur le mur du cabanon, effleure le bras du garçon et s'enfonce, en retombant, dans le sol. Le grand Negroni, les bras ballants, stupéfait, la voix cassée par l'émotion, prend Caro à témoin :

– Tu as vu... putain! Il est complètement jobastre, ce fada! Il aurait pu me tuer... je sais pas moi... ou me crever un œil!

Le Petit saisit un manche de pioche dans un coin du cabanon pour faire face aux représailles. Mais Negroni et Caro se sont réfugiés sous le porche de l'entrée de la Villa des Mimosas.

– Je préfère pas lui répondre, sinon je te l'escagasse le minot! dit Negroni en cherchant maladroitement à justifier son manque de réaction.

Avec un air entendu il conclut :

– C'est vraiment une famille de tordus, ma parole!

En attendant la fin de l'orage, les deux garçons posent leur ennui sur les marches du petit escalier qui donne chez la mère Contini. Une rigole gonflée d'eau terreuse court sous les boîtes aux lettres, en faisant un bruit de ronflement qui s'amplifie sous la voûte, plongée dans une lumière grise.

Caro feuillette, avec une drôle d'avidité, le dernier *Nous Deux*, oublié sur une marche par une voisine folle de romans-photos. Le feu aux joues, il apostrophe subitement son copain :

– Putain, con! Vise la gonzesse... on dirait Gina Lollobrigida dans *Fanfan la tulipe*!

Negroni lui arrache le magazine.

– Laisse tomber, t'es trop minot...

Caro tente de récupérer le roman-photo, que Negroni tient à bout de bras au-dessus de sa tête.

– Moi, je suis trop minot? Tu rigoles, ou quoi? La Lollo, je me la fais moi... si elle veut!

– Et moi je te jure que je me la fais avant toi... Regarde, couillon!

Negroni déchire la page sur laquelle se trouve le sosie de la star, crache sur le verso de la feuille et la colle, avec sa salive, sur une des portes qui donnent sur les caves.

– Allez hop! concours de branlettes...

Il défait les boutons de sa braguette et, sans aucune gêne, sort son sexe qu'il agite prétentieusement devant son copain.

– Je te parie qu'à plus de cinquante centimètres, je la touche d'un seul jet de sperme, la Lollo!

Arc-bouté, la poitrine creusée, la bouche ouverte, la langue en virgule au bord des lèvres, les jambes écartées, Negroni s'active sur sa jeune virilité avec l'enthousiasme d'un grand sprinter... Quelques instants plus tard, comme le crépitement de deux grosses gouttes de pluie sur une feuille de papier, la projection, en un jet violent, de ce qui fait la gloire du garçon témoigne du succès de son défi.

Il n'en faut pas plus pour stimuler Caro...

La pluie vient de s'arrêter. Le ciel retrouve peu à peu sa limpidité estivale. Vivi et le Petit surgissent sous le porche en courant. Avec une précipitation bien naturelle, les deux garçons remettent en place tout ce qui fait leur fierté. Vivi comprend aussitôt ce qui vient de se passer. Sans ralentir sa course, elle lance, railleuse, en passant :

– Attention aux vermisseaux... Ils vont s'enrhumer!

Rageur, le visage congestionné, Negroni réplique vivement :

– Tu vas voir, toi, un de ces jours! Tu vas voir si c'est un vermisseau que je vais te mettre entre les jambes...

Au moment où le Petit franchit le portail de la Villa des Mimosas, il croise son père. Ses vêtements sont trempés, son visage pâle et crispé. Les yeux injectés, les lèvres tremblantes, il marche droit, mais l'enfant ne peut s'empêcher de penser que l'orage l'a dégrisé...

Il a demandé à sa femme une chemise propre. Il s'est changé et a dit, d'une voix sans vitalité :

– Je suis chez Barbier...

Jeanne le regarde s'éloigner sur le palier. Elle redoute déjà le retour de chez le bistrotier.

Dans la cour, Henri passe sans tourner la tête devant la mère Contini et le père Rode occupés à nettoyer le perron envahi de feuilles de platane flétries par le gros orage.

– Il retourne faire le plein, murmure avec mépris la voisine.

A quelques mètres de là, Vivi et le Petit, accroupis, ramassent les restes poreux d'un nid qui s'est détaché du toit sous la violence de la pluie. Sur un fil électrique au-dessus d'eux, une hirondelle, au ventre blanc strié de reflets bleutés, semble observer les deux enfants.

– On dit qu'un nid sous une gouttière, ça protège la maison contre le feu, explique le garçon en essayant de reconstituer une paroi de terre argileuse.

Vivi ne réagit pas. Elle jette un coup d'œil mauvais en direction de la mère Contini et lance assez fort pour être entendue :

– Celle-là! même un nid d'hirondelle là où je pense, ça ne lui empêcherait pas d'avoir le feu au cul!

Le Petit, absorbé par son désir de reconstituer le nid, n'a pas pris garde à la réflexion désobligeante de la voisine sur son père.

L'hirondelle vient virevolter un instant autour de l'empreinte sombre de ce qui a été son abri. Elle donne l'impression de constater les dégâts. Elle agite fébrilement sur place ses ailes noir et vert et rejoint le fil électrique. A cet instant, surgit une autre hirondelle toute en petits cris et frôlements. Les coups de bec qu'échangent les deux oiseaux avec tendresse, la façon qu'ils ont de se tenir l'un près de l'autre indiquent qu'il s'agit d'un couple.

La mère Contini glisse dans une grosse poubelle métallique un paquet de feuilles mouillées et dit sur un ton plein de consternation :

– Dans quel état il va nous revenir... Je ne veux pas rater ça!

Cette fois, l'enfant a parfaitement entendu. Il relève la tête et s'apprête à réagir mais Vivi le devance et jette avec une volontaire insolence :

– Y en a des... je te jure! C'est des vraies langues de pute...

Sans attendre la réaction de la voisine, elle prend son ami par la main et l'entraîne en courant de l'autre côté de la cour près du cabanon.

– Petite garce! crie la mère Contini, en donnant un coup de balai rageur dans le tas de feuilles méticuleusement constitué par le père Rode.

– C'est que des gosses..., dit le vieil homme.

– Oh vous, vous leur passez tout! Vous m'énervez!

La mère Contini s'engouffre dans le long couloir de la Villa des Mimosas. Au même moment, les deux hirondelles quittent leur fil, dessinent deux grandes arabesques au-dessus de la maison, effleurent le sol et se posent dans un frémissement d'ailes à proximité du nid. Le mâle rassemble à coups de griffes quelques débris et emporte deux fragments d'argile pour reconstruire ailleurs un nouvel abri.

Les micocouliers ont gardé la fraîcheur de l'orage. Aussi il ne fait pas bien chaud, ce soir, sur les chaises de jardin à la peinture écaillée qui zèbrent régulièrement les cuisses de traits rouges. Elles sont alignées au cordeau face à l'écran blanc du cinéma en plein air.

L'opérateur, dans sa cabine en bois qui protège le vieux projecteur, attend qu'il fasse nuit pour éteindre les lampes cloches, traversant le grand jardin attenant au bistrot où il faut prendre ses billets. Le Petit et Vivi sont déjà venus deux fois cette semaine à la projection des *Aventures de Robin des Bois* avec le grand Errol Flynn. Avant d'entrer, le garçon détaille un long moment l'affiche décolorée du film et dit avec gravité :

– Je trouve qu'il ressemble à mon grand frère d'Indochine, cet Errol Flynn...

Vivi le regarde, dubitative.

– L'autre fois, tu m'as dit qu'il ressemblait à Clark Gable... faudrait que tu te décides!

Le Petit fronce les sourcils, s'approche plus près encore de l'affiche, prend son menton dans une main, réfléchit un instant et confirme son impression :

– Que je suis couillon... vouais, c'est plutôt Errol...

Vivi soulève les épaules.

– C'est ça, fadolie... et la semaine prochaine comme il y a un film avec Gary Cooper, il lui ressemblera!

Elle marque un temps, déplie son mouchoir de grand-père à carreaux gris et bleus, d'où elle extrait quelques pièces pour payer sa place. Elle ajoute, moqueuse :

– Et ta sœur d'Algérie, elle ressemble à Grace Kelly... T'as que des vedettes dans ta famille!

Suffisamment irritée, elle en serait bien restée là de ses commentaires mais c'est presque malgré elle qu'elle laisse échapper :

– Il n'y a que ton père qui ne ressemble pas à une vedette... Parce que pour lui ressembler, y faut se coucher tard...

Le garçon fronce les sourcils, déglutit plusieurs fois comme pour ravaler la grosse boule dans la gorge qui le gêne tant, et lance, en retenant sa colère :

– T'as de la chance d'être une fille... La prochaine fois, t'iras au cinéma avec ce grand con de Negroni.

Il se faufile aussitôt dans la queue des spectateurs et se fait invectiver en passant devant tout le monde.

Le projectionniste a coupé les lumières. Immédiatement, les papillons et les insectes de nuit qui virevoltaient autour des lampes cloches en fer se sont dispersés du côté de l'écran blanc.

Le projecteur s'est mis à ronronner en déployant le faisceau lumineux, porteur de l'image tant attendue, dans les craquements du vieux haut-parleur Teppaz, qui envoie le son saturé de la bande générique des actualités Pathé-Cinéma.

Happé par les images, le Petit en oublie immédiatement sa fâcherie avec Vivi. Le monde en noir et blanc défile devant lui. Le speaker, de sa voix nasillarde, explique que les troupes françaises de pacification en Algérie font un beau travail dans le bled. Sur l'écran, un jeune soldat, le chapeau de brousse rejeté sur le haut du crâne, discute avec des enfants aux visages craintifs, maculés de plaies autour desquelles s'accrochent des mouches obsédantes. Quelques secondes plus tard, le commentateur, sur un ton imprécatoire, dit que « les fellaghas, les rebelles, sont d'une terrible cruauté et que des massacres ont ensanglanté la grande Kabylie... ».

Pourtant, ce vieillard au visage brûlé par le soleil et le temps, et cet adolescent poussé à coups de crosse contre un mur, les mains sur la tête, paraissent au Petit bien inoffensifs.

Il est très attentif à tout ce qui se dit, à tout ce qui se montre sur l'Algérie. Pour lui, c'est bien à cause des « événements » qu'elle met tant de temps à venir, la grande sœur. Mais déjà d'autres images suivent. Le halo bleuté projette des silhouettes élégantes habillées par Coco Chanel, Balenciaga, Dior, dans les tribunes d'un champ de courses. Tellement absorbé, il ne s'est pas rendu compte que Vivi s'est glissée près de lui. Elle se penche et murmure à son oreille :

– Tu me tiens fâchée ?

Les yeux vissés à l'écran, le Petit soulève les épaules et prend la main de son amie, au moment où apparaît, dégingandé, gauche, le longiligne Jacques Tati.

A l'entracte, c'est Vivi qui offre les deux Miko, pour mieux se faire pardonner. Ils ont tous deux une technique particulière pour déguster le bâtonnet de glace. Tout doit se passer sans précipitation. Il faut que le Miko dure le plus longtemps possible. Les deux enfants considèrent que le plaisir de l'esquimau se savoure mieux pendant la projection du grand film. Comme si la concentration soutenue vers l'écran, à ce moment-là, sollicitait mieux les papilles et décuplait le goût du chocolat réfrigéré. Le Petit croque délicatement l'extrémité du bâtonnet, dégage, avec la pointe de la langue, quelques lamelles fines, et suçote la partie crémeuse et vanillée, libérée de sa gangue chocolatée. Les deux enfants s'observent du coin de l'œil pour évaluer l'évolution de leur gourmandise. Une fois de plus, le Petit ne sait pas se tempérer. Il tient dans sa main la spatule de glace léchée avec l'application remarquable du chat qui nettoie une écuelle de lait. Vivi en est à peine à la moitié de son Miko aux noisettes.

Au moment où Robin des Bois-Errol Flynn-frère aîné du Petit rejoint les gueux de « Sherwood », Vivi pose ses lèvres vanillées sur celles du garçon et fait glisser de sa bouche vers la bouche du Petit un morceau de glace qu'elle accompagne d'un coup de langue habile et généreux.

– C'est bon, hein ? fait-elle en se léchant la lèvre supérieure.

– La glace ou s'embrasser ? demande le garçon.

– Les deux, fada!

Après le film, sur le chemin du retour, la « pique aux roses » fait partie du rituel. Les deux enfants, dans la nuit, grimpent aux grilles des riches villas d'où s'échappent, en grappes écarlates ou dorées, des roses qu'il s'agit de dérober sans se faire prendre, sans se faire piquer par les épines vengeresses.

Les bras chargés de ces fleurs embaumantes, Vivi propose de faire une halte avant de s'engager sur le chemin vicinal. Les deux enfants s'allongent en contrebas de la voie du petit train de Palavas, qui a laissé, sur son dernier passage, quelques escarbilles encore incandescentes qui ne demandent qu'à provoquer un feu de broussailles, pour peu que le mistral décide de se lever.

– Renifle comme ça sent bon, chuchote Vivi.

– Vouais, ça fait mal à la tête tellement que c'est fort..., répond le Petit, les yeux plongés dans le ciel.

– Moi, ça me donne envie de pleurer... Ces odeurs, elles rentrent même dans le cœur, ajoute Vivi.

– J'en ai jamais vu autant d'étoiles, dit le Petit en se relevant sur un coude.

Il soupire et reprend, en reposant sa tête dans l'herbe :

– J'ai l'impression que je pourrais les attraper à la main...

Il tend son bras dans la nuit et fait mine de faucher une étoile d'un geste vif. Il se penche sur le côté, porte sa main vers le visage de Vivi et dit avec tendresse :

– Tiens! je te la donne... Je l'ai pêchée pour toi. Je suis un pêcheur d'étoiles.

Vivi ferme les yeux et chuchote :

– Pose-la sur ma bouche.

Elle entrouvre ses lèvres doucement. Le garçon met sa main en cornée et fait comme s'il y laissait glisser l'étoile captive. Il se penche au-dessus d'elle, délicatement. Dans les pupilles de son amie se reflètent des dizaines de points lumineux échappés du ciel vespéral.

– Tu m'aimes ? interroge soudain Vivi.

Le Petit ne répond pas. Il écoute le chant d'un grillon qui vient d'allumer, tout près, son minuscule flambeau.

– Tu m'aimes ? redemande la gamine.

– Mais vouais, tu le sais bien !

– Dis-le.

– Je te le dis...

– Mais dis-le comme je le répète : je t'aime...

– Je t'aime, reprend le Petit.

– Mieux que ça ! ordonne Vivi.

– Comment ça, mieux que ça ?

– Comme au cinéma.

Le garçon se relève. Il soupire une nouvelle fois et murmure :

– Je t'aime comme au cinéma ! Voilà t'es contente maintenant... ?

– Mais non, fadolie, dis-le comme le disent les acteurs au cinéma... avec la voix douce qui tremble en se serrant dans les bras.

– Je peux pas te serrer dans les bras puisque t'es tout allongée !

Il finit par mettre un genou à terre. Vivi l'enlace aussitôt, l'embrasse passionnément.

Liés l'un à l'autre, ils ne font plus attention à la grande fête de la nuit qui les entoure. Ils ne voient pas le magnifique ballet d'étoiles filantes qui zèbrent le ciel de longs fils d'argent.

Les deux enfants, tout en émotion, le corps en effervescence, se goûtent avec avidité, découvrent fiévreusement la volupté. Enfin, les yeux pleins de larmes, d'élan et de désir, le Petit murmure naturellement :

– Je t'aime, ma Cigale...

A nouveau leurs bouches, gonflées de désir chaud, se rencontrent, tandis que, autour d'eux, bourdonnent, jacassent, pépient, hululent, croassent les bruits de la nuit...

En quelques minutes, il est passé du bonheur au malheur. En remontant dans la pénombre, l'escalier, il retrouve les cris familiers de la dispute à la maison. Les bras chargés de roses, il ne se résout pas, sur le palier, à pousser la porte. Il redescend en courant se réfugier dans le cabanon. Là, dans le noir, il attend la fin des hostilités alcoolisées. La tête enfouie dans ses épaules, recroquevillé sur le vieux canapé, il tente de chasser en lui ces images qui le harcèlent : sa mère, sans cris, sans voix, le dos voûté, les yeux exorbités par la peur... Elle tente d'éviter les coups. Elle supplie, geint, s'accroche des deux mains au bras qui veut frapper. Le père, le regard froid, gris de colère, le nez pincé, blême, s'enfonce dans la violence et la démence. Il éructe ses injures entre deux borborygmes nauséeux. Tout, dans son attitude, indique la répugnance, le rejet qu'il a des autres, de sa famille, de lui-même. Les cheveux hirsutes, claudiquant, il cherche l'appui qui lui permettra de dissimuler en partie son ébriété.

Il ne veut plus entendre, l'enfant, les insultes, les pleurs, les cris... Il plaque les mains sur ses oreilles. Tout bourdonne en lui. Tout se resserre en lui. Sa poitrine, ses muscles, ses joues. Il essaie de contenir le tremblement de ses lèvres, de maîtriser cette angoisse qui l'oppresse. Il appelle à la rescousse d'autres images, d'autres pensées. Reviennent en lui, à force de concentration, de volonté, le souvenir salvateur des baisers odorants de Vivi, les restes des parfums de la nuit partagés avec elle une heure plus tôt, dans l'herbe complice de l'été. De loin en loin, redeviennent présents les chants langoureux des hirondelles, le bleu-noir du ciel constellé de frissons lumineux et tant d'autres choses de l'enfance qui l'empêchent d'éclater en sanglots et qui lui donnent, malgré tout, l'envie d'espérer, d'aimer et de croire en une vie meilleure. Peu à peu ses yeux se font lourds...

La bordure du trottoir défile à grande vitesse. Les vibrations dans les mollets, puis dans les jambes, sont de plus en plus fortes. Arc-bouté dans la position du skieur en descente, les mains crispées au porte-bagages du cyclomoteur – un magnifique Peugeot de cinquante centimètres cubes – que pilote Abel, le frère aîné de Caro, il faut tenir, aller de plus en plus vite pour faire le meilleur temps. Le Petit se sent défavorisé à cause de son poids trop léger et de ces putains de patins à roulettes du Moyen Age. Il faut dire que les roulements sont en bois et qu'il peuvent casser à chaque instant. Couché sur le guidon, Abel tourne légèrement la tête et hurle :

– On est à soixante! presque à fond...

Negroni détient le record : le tour complet en moins de trois minutes. La boucle passe par le chemin de l'Herbette, plein de nids-de-poule, longe la voie du petit train de Palavas, sur huit cents mètres et remonte le chemin vicinal 108. L'arrivée se fait devant la Villa des Mimosas où se tient toute la bande du quartier.

Le Petit lève un pied pour soulager un instant un des roulements. Il le repose très vite par crainte de perdre l'équilibre. « Une chute à cette vitesse, c'est l'hôpital à tous les coups », se dit l'enfant.

Il accentue la position de l'œuf, crispe les mâchoires, rentre la tête dans les épaules; des moucherons s'écrasent sur son front, se collent aux coins des yeux. Il ne peut lâcher prise. La ligne d'arrivée est maintenant à moins de cent mètres. Il faut tenir. Son regard se trouble. Un moucheron dans les yeux brouille sa vue. A moins de cinq mètres de la ligne, il lâche le porte-bagages du cyclomoteur et casse avec sa poitrine le fil de laine que tiennent de part et d'autre de la rue Caro et Lopez. Sa vitesse est encore excessive et une dernière excavation sur la route a raison de l'équilibre qu'il avait réussi à maintenir jusqu'à présent.

Il tente de se rattraper à un poteau télégraphique en bois mais ne réussit qu'à se planter une grosse écharde dans la main. Il s'affale juste devant l'aile d'une voiture, qui vient de stopper à quelques mètres du portail. Étourdi, il se masse la nuque et relève doucement la tête. Un instant, il est frappé par la couleur bleutée de cette voiture, une « Dauphine » toute neuve d'où s'extrait avec lenteur la silhouette en contre-jour d'une femme très grande aux cheveux blonds.

Quand il voit la plaque rouge qui indique l'immatriculation des automobiles des territoires d'outre-mer, il se relève d'un bond. Cette fois, il n'y a plus aucun doute, il sait immédiatement que c'est elle. Les larmes aux yeux, il murmure, le souffle coupé :

– C'est toi... c'est Hélène...

Il se tourne vers ses copains et crie :

– C'est ma sœur, c'est ma sœur!

Sans prendre le temps de déchausser son patin à roulettes qui traîne à sa cheville, retenu par une sangle, il se précipite vers cette femme dont la beauté accroche tous les regards. Negroni lance un tonitruant :

– Putain con, la gonzesse ! aussi explicatif, qu'admiratif.

Les autres retiennent leur souffle. On n'entend plus que le vacarme lancinant, presque douloureux des cigales. Vivi, en retrait, donne l'impression de vouloir se dissimuler derrière le grand Negroni. Elle se colle contre la porte du garage de la propriétaire de la Villa des Mimosas. Le Petit, de son côté, retient désespérément ses larmes. Il ne veut pas que les autres voient son émotion. Il sait maintenant qu'il ne se jettera pas dans les bras de la grande sœur, comme les années précédentes. « Ça ferait cloche devant les copains. » Et puis, il a tellement grandi. Il sait bien qu'à son âge, il faut prendre des airs d'homme.

« Sûr qu'elle est superbe la grande sœur », se dit l'enfant. Il n'a pas besoin de regarder les copains ébahis pour juger de sa beauté. Elle rayonne. Tout se tait autour d'elle, dans l'air nappé soudain de lumière aux contours translucides, vaporeux.

Mais cette année, peut-être parce qu'il entre en adolescence, c'est avec une certaine violence, un trouble singulier qui fait mal dans la poitrine, qu'il ressent tant de splendeur et d'éclat chez une femme.

Le hâle de son teint accroît la blondeur de ses cheveux en vagues légères. Le dessin à l'oblique de ses sourcils fins, qui s'étirent en un léger coup de crayon vers les tempes, amplifie le vert très clair de ses yeux, qui illuminent son visage aux pommettes hautes et saillantes. Sa bouche, large, à la lèvre supérieure ourlée de ce rouge baiser des vedettes de cinéma, porte une sensualité presque insolente, mais qu'atténue un sourire ingénu, attaché encore à l'adolescence.

Parce qu'il sait maintenant la douceur d'un corps féminin, parce qu'il sait l'émoi amoureux par la sauvageonne petite voisine qui provoque tant de sarabande en lui, il n'est, en un instant, que désir vers le corps de cette femme que son parfum suave précède de quelques mètres dans l'air brûlant de l'été. Il doit faire un gros effort pour se rappeler qu'il s'agit de sa sœur. Cette prise de conscience brutale altère soudain le bonheur de la retrouver, et il marque une légère retenue quand elle l'enlace de ses bras parfumés. Elle tente de le soulever. Mais par la difficulté qu'elle éprouve à le porter, elle comprend soudain que le Petit est sorti de l'enfance.

Lui, il sait maintenant avec certitude qu'il ne pourra jamais plus se lover au creux de l'épaule de la grande sœur. Il sait maintenant qu'il ne restera plus à table de longs moments sur ses genoux; il sait que c'en est fini de ces moments de douceur, pleins de baisers tendres, de petits rires, de caresses, de jeux au cours desquels elle s'amusait à lui sucer le lobe de l'oreille, ou à batailler sur le grand lit dans les frôlements joyeux des corps et des étreintes innocentes.

Elle se penche, l'embrasse. Dans le passage d'une joue à l'autre leurs bouches se frôlent. Par l'échancrure de sa robe d'été, l'enfant ne peut s'empêcher de voir, à demi découverts, les seins dorés et ronds de la grande sœur. Il devient écarlate. Comme étourdi, il reprend son souffle. Elle pose son bras autour des épaules du garçon et l'entraîne sous le porche de la Villa des Mimosas, en distribuant au passage de larges sourires aux copains...

Vivi les regarde s'éloigner. Elle hausse les épaules et marmonne :

– Elle est pas si belle que ça, cette grande bringue!

A cette heure du jour, le soleil déploie sur le ciment crayeux deux ombres enlacées, pareilles à celles de deux amoureux passionnément serrés l'un contre l'autre... Cette image fait mal à Vivi. A cet instant de sa vie, elle découvre brutalement la douleur de la jalousie. La petite femme qui est en elle ne parvient pas à maîtriser son dépit. Elle interpelle alors le grand Negroni, resté près d'elle :

– T'as vu ses chaussures comme elles sont moches... On dirait des chaussures comme pendant la guerre, avec les semelles en bois, ma mère elle en portait...

Negroni hausse les épaules et entraîne aussitôt, de la voix et d'un geste du bras, Caro à le suivre.

– Viens, on va voir si on trouve d'autres casques allemands sous le pont des crapauds...

13

Depuis le début de la guerre, trois autres enfants sont nés. Un garçon, Raymond, une fille, Francine, et un autre garçon, Paul. Ils sont huit, à présent, autour de la table. Et Jeanne est enceinte une nouvelle fois.

Cet hiver 1943 est rude. La France occupée souffre de sa défaite. Les privations affectent particulièrement la famille. Le sucre, l'huile, le charbon manquent. La ration de viande vient de passer de 120 grammes la semaine à 90 grammes.

Henri trafique à sa façon. Au sous-sol de la pharmacie où il est employé, il fabrique clandestinement de l'anis alcoolisé qu'il parvient à vendre ou à échanger au marché noir contre quelques boîtes de conserve ou quelques tickets supplémentaires de rationnement.

Aujourd'hui, la famille est en émoi : le gouvernement de Vichy vient de créer le service du travail obligatoire en Allemagne pour les jeunes gens.

Jean, qui est maintenant un jeune homme de dix-sept ans, veut se soustraire à cet enrôlement forcé. Il attend à tout moment d'être convoqué. Il vit en permanence avec cette inquiétude qu'essaie de tempérer Hélène. La petite sœur est devenue, elle aussi, une belle adolescente. Il y a quelque chose de mystérieux dans son apparence. Ses yeux verts, brillants, vous scrutent profondément. Elle a de longs cheveux blonds qu'elle porte en vaguelettes jusqu'aux épaules. Il y a peut-être un peu trop de gravité dans son visage. Elle donne l'impression d'être sortie trop tôt de l'enfance. Il est vrai qu'à treize ans elle vient d'abandonner l'école pour « aider à la maison ».

Dès le matin sept heures jusqu'au soir, elle s'active

pour prendre en charge les plus petits. Elle lave, repasse, coud jusqu'à très tard dans la nuit. « Ce n'est pas parce qu'il n'y a pas le sou qu'il faut ressembler à des va-nu-pieds... », dit-elle souvent, quand elle force les plus jeunes à faire leur toilette ou quand elle rénove un pantalon ou un pull-over trop usés.

Comme si les manques et les difficultés ne suffisaient pas, en cette année 43, l'hiver en rajoute en rigueur. Depuis une huitaine de jours le givre s'accroche obstinément aux arbres, aux trottoirs, aux toits. Les murs sont glacés. Le froid mord avec méchanceté tout ce qui n'est pas protégé par de grosses écharpes, des bonnets et de grands manteaux. Le vent s'est transformé en une bise insidieuse qui siffle, miaule dans les jours des portes et des fenêtres mal isolées. La même lumière grise, plate, s'étale tristement dans le ciel et pèse sur tout ce qui vit. Elle enveloppe tous les bruits et se glisse si faiblement dans les maisons qu'elle oblige, en pleine journée, à allumer l'électricité ou les lampes à pétrole...

L'appartement que la famille occupe est trop petit et mal chauffé. Trois lits par chambre ne suffisent pas à coucher tout le monde. Les deux derniers enfants occupent celle des parents.

Quelques jours avant Noël, Jeanne est prise de douleurs. Il est trop tard pour la transporter. Henri, avec Hélène, l'aident à accoucher. L'adolescente fait preuve d'un sang-froid et d'une maturité extraordinaires. Né avant terme, l'enfant respire à peine. Son visage est bleu. Il suffoque. S'étouffe. Et bientôt ne respire plus. Henri est pris de panique... Hélène saisit le bébé, le masse longuement et parvient à le ranimer.

Le médecin arrive enfin. Il frictionne le nouveau-né avec du vinaigre puis avec du camphre. Jeanne, les lèvres brûlées par la fièvre, parvient à articuler :

– Il vivra, docteur ? Il vivra ?

Le médecin acquiesce. Il emmitoufle l'enfant dans une couverture et le tend à Hélène.

– Tu as été une excellente infirmière... Quel âge as-tu ?

L'adolescente serre le bébé contre sa poitrine et répond, sans lever la tête :

– Bientôt quatorze.

– En quelle classe es-tu ?

– Je ne vais plus à l'école... Il y a trop à faire ici !

Le médecin se lave les mains dans une cuvette d'eau froide et s'essuie à un grand mouchoir, qu'il sort de la poche intérieure de son veston.

– Il ne fait pas chaud ici... constate-t-il en remontant la couverture sur le visage du nouveau-né.

Puis il saisit un carnet sur lequel il griffonne quelques lignes, arrache la feuille qu'il tend à l'adolescente.

– C'est l'adresse de mon service à l'hôpital. On va essayer de te trouver un travail.

Hélène esquisse un triste sourire de remerciement, et se tourne vers sa mère. Le visage blanc, les yeux creusés, Jeanne regarde vers la fenêtre. Un morceau de carton remplace un carreau brisé. Les autres vitres sont couvertes de givre, même à l'intérieur.

Jeanne tousse, essaie de se relever sur un coude, renonce. Elle enfouit sa toux rauque, profonde, dans l'oreiller mouillé de transpiration.

Cette toux, saccadée, convulsive fait peur à l'adolescente. Elle agresse, menace et dit tout le dénuement de la famille. Les sirops que le père vole à la pharmacie ne suffisent plus. Jeanne a besoin de soleil, d'air pur.

L'appartement est trop insalubre. Il garde la fumée nocive du poêle qui tente, au milieu de la cuisine, de chauffer toutes les pièces. Le charbon fait défaut. Il faut l'économiser. Alors on le mélange à tout ce qui peut brûler.

Une fois de plus, Jean, attelé véritablement au charreton, est parti, en fin d'après-midi, à la recherche de bois, à la sortie de la ville. Pour éviter de rencontrer une quelconque connaissance, il ne rentre généralement qu'à la nuit tombée. Il fait tant d'efforts, avec l'aide de sa sœur, pour masquer la misère, la honte. Ce n'est pas tant de manger à sa faim qui lui manque. Ce qui le blesse pardessus tout, c'est l'humiliation provoquée par la pauvreté.

Il ne peut se défaire de ce sentiment qui s'est considérablement amplifié à la suite de l'incident au lycée l'an passé. Alors qu'il était appelé au cours de la remise des prix, le père a surgi bruyamment, pour manifester, à sa façon, sa fierté. A moitié saoul, il a fini par faire scandale devant les parents et les camarades. Jean, depuis, n'est plus retourné au lycée. Tout en lui pourtant témoignait de son aptitude aux études. Cette blessure ne se refermera jamais.

Les roues du charreton cerclées de fer patinent sur la chaussée glacée. Les mains crispées sur les brancards, l'épaule prise par une anse de cuir reliée à une des ridelles, l'adolescent avance à demi courbé, tant le chargement est pesant. Il a ramassé sur un chantier deux lourds madriers, un vieux tonneau encore imprégné d'odeur de vin, un large tronc de platane gorgé d'eau, une vieille lessiveuse en bois au fond percé, quelques grosses branches couvertes de boue et trois planches à moitié moisies. Tant bien que mal tout cela sera fendu puis consumé en quelques jours dans le vieux poêle.

Jean peine au milieu du pont qui surplombe le chemin de fer. Un instant, il disparaît sous l'épaisse fumée d'une locomotive, qui tire un train de wagons bondés de soldats allemands et de matériel militaire. Quand la vapeur âcre de charbon mouillé s'étire, le garçon reconnaît sa sœur, marchant à sa rencontre.

La tête recouverte d'un vieux châle, elle avance pour mieux se protéger du froid en resserrant sur sa poitrine les deux pans de son manteau. Les semelles de bois de ses galoches claquent sur le pavé bleuté. Elle est essoufflée. Avant même d'avoir rejoint son frère, elle dit, la voix cassée :

– Ils sont venus!

Jean sourcille.

– Oui, ils sont venus, ceux du S.T.O... J'ai dit que tu étais parti en voyage.

Le garçon, cambré de tout son poids sur les bras du charreton, marque un temps d'arrêt.

– T'es folle!... ils vont vérifier.

– Ils ne reviendront pas avant trois ou quatre jours, tu auras le temps d'aller te cacher chez l'oncle, à la montagne.

Hélène jette un regard sur le chargement. Son œil s'allume.

– Tu t'es bien débrouillé... Je vais t'aider.

L'adolescente libère son frère de l'anse qui lui prend l'épaule.

Le froid paraît moins vif à présent. La buée qui sort de leurs bouches s'étire en écharpe derrière eux. Les gants qu'ils portent sont pourtant encore couverts d'une fine pellicule de glace qui rend leur laine craquante, dure.

– Si je tombe sur la milice, ils ne me rateront pas, eux..., reprend Jean, sans pouvoir cacher son inquiétude.

– Ne t'en fais pas, à la maison tu peux t'échapper par les toits.

– Le père est là ? demande l'adolescent.

– Non. Il est parti vendre ses bouteilles d'alcool.

Hélène agite sa main gauche pour mieux faire circuler le sang.

– Dès que t'es parti, il m'a encore gueulé dessus !

– Y en a marre ! Il faut qu'on foute le camp de la baraque !

– Et les petits ? Qui va s'occuper des petits ?

Hélène vient de parler, la voix prise par l'émotion.

Les événements et les difficultés multiples de la famille n'ont pas modifié le comportement du père. Au contraire, même. De jour en jour, il sombre davantage dans l'alcoolisme. Il est pourtant moins souvent en conflit avec Jeanne. Il déplace sa violence vers les aînés, et particulièrement vers Hélène, qui est devenue son souffre-douleur.

Hélène remonte le col de son manteau d'une main et poursuit :

– Demain, il y a une distribution de vêtements chauds au Secours national... Tu viendras avec moi ?

Jean ne répond pas. Il n'aime pas avoir l'impression d'aller mendier...

– Il faudra partir tôt si on ne veut pas récolter que des cochonneries..., le met en garde l'adolescente.

– Tu sais bien que j'aime pas aller là-bas... déjà que je me force pour aller faire la queue à la Miséricorde pour le pain...

Il marque un temps et soupire :

– Ça me fait trop honte...

Tous les enfants sont couchés. Il est plus de minuit. Le père n'est pas encore rentré. Une lampe à pétrole éclaire faiblement la cuisine. Hélène, emmitouflée dans son manteau, vient d'étaler sur la table une pile de linge. Elle reprise maintenant le col d'une chemise de Jean. Elle a déjà sauvé quelques paires de chaussettes, mais elle ne s'est pas résolue à réparer le caleçon troué qui appartient au père. Ses yeux fatiguent. C'est avec difficulté, en se rapprochant le plus possible de la clarté rougeâtre de la lampe, qu'elle tente de glisser un fil de laine dans le chas d'une grosse aiguille. Sur le poêle, chauffe un fer à repasser. De la chambre voisine parviennent les respirations régulières et douces des petits, qui dorment paisiblement, malgré le froid dans la pièce. Tout à l'heure, la mère a été prise d'une violente quinte de toux qui a réveillé le bébé. Hélène s'est levée aussitôt. Elle a bercé l'enfant. Il s'est endormi dans ses bras en cherchant son sein. Elle a fini par le poser très maternellement dans son berceau.

Elle prend maintenant un gant de toilette qui lui permet de saisir la poignée du fer à repasser sans se brûler. Elle le porte à mi-hauteur de sa joue pour en tester la chaleur, le repose sur la plaque ronde rougeoyante, étale devant elle un drap qu'elle plie en quatre et le recouvre d'une légère couverture. Elle constitue ainsi un matelas sur lequel elle peut commencer à repasser quelques-unes des chemises empilées sur le tas de linge. Le fer qui court sur la toile étale des odeurs de propreté. Repasser apaisse l'adolescente. Les glissements du fer sur les tissus font un joli frôlement, une musique douce qui emplit les creux de la nuit.

Pourtant une angoisse sourd en elle et l'oppresse peu à peu.

Quand le père pousse la porte, Hélène se sent comme libérée. Elle sait à présent qu'elle va faire face. Visiblement, l'homme voudrait dissimuler son ébriété. Il bafouille sans prendre le temps de se libérer de son manteau taché de plâtre :

– T'as besoin de traîner jusqu'à ces heures?

Hélène ne répond pas. Elle repose le fer à repasser sur le poêle.

– Je te parle! hurle le père.

Et violemment, d'un coup de main, il fait valser les chemises que l'adolescente repassait. Hélène ne bouge pas, ne relève pas la tête.

– Va te coucher, papa..., murmure-t-elle presque affectueusement.

– Tu vas quand même pas me donner des ordres, petite garce! jure le père.

Hélène plante les yeux droit dans ceux de l'homme qui cherche l'affrontement.

– Ne me parle pas comme ça, papa!

Surpris par l'attitude de sa fille, il hésite, cherche ses mots et lance :

– T'as vu l'allure que tu as... déguisée comme ça! Et tu vas te décider à te les couper, ces cheveux? T'es moche avec cette coiffure!

D'un geste vif, il saisit sur la table les ciseaux à couture et empoigne de l'autre main les cheveux de l'adolescente. Elle ne peut s'empêcher de crier, se débat.

– Lâche-la, papa!

Réveillé en sursaut, le frère aîné s'est précipité dans la cuisine. Il n'y a rien de menaçant dans son attitude mais le ton sur lequel il vient de parler est ferme, péremptoire.

Le père semble pris de panique. Il jette autour de lui des coups d'œil affolés. Jean avance vers la table et répète, très pâle :

– Lâche-la!

L'adolescent se baisse instinctivement pour éviter la bouteille que le père vient de lancer dans sa direction et qui aurait pu lui fracasser le crâne. Elle explose sur le coin de l'évier. Des éclats de verre noir éclaboussent toute la cuisine. Un silence lourd pèse soudain dans la pièce. Dans la chambre, le bébé pousse un petit gémissement. Ils restent tous les trois un instant figés, stupéfaits.

Jean et Hélène tournent simultanément la tête. La mère est sur le pas de la porte de la chambre. Blême. La robe de chambre ouverte sur une pauvre combinaison rose. Elle veut dire quelque chose. Ses lèvres bougent. Aucun son ne sort de sa bouche. Elle porte la main à son front inondé de transpiration et s'affaisse.

La mère est restée alitée tout l'hiver. Les premiers rayons du printemps lui ont redonné de la vigueur. Un peu de rose s'est posé sur son visage. Assise devant la fenêtre, elle scrute le ciel. Un vent assez fort siffle sur les toits aux tuiles rondes où rôde une compagnie de chats faméliques. Le vent donne l'impression de nettoyer les scories de l'hiver. Il déplace, ramasse les mauvais souvenirs, les jours de colère, de honte, de violence, de désespoir.

Tandis que Jeanne se remet doucement, Hélène fait toujours preuve de dévouement. Elle est au service de tous. Le médecin a tenu sa promesse. Elle a un emploi à l'hôpital. Là encore, elle manifeste une énergie, une force de travail qui se remarquent. On lui a, au tout début, confié les tâches les plus ingrates : toilette des malades, nettoyage des chambres, des sols, des couloirs... Elle profite maintenant des longues veilles, pour lesquelles elle se porte volontaire, pour étudier. Elle a bien conscience qu'elle sait à peine lire et écrire. Au cours de ces interminables nuits, elle apprend dans le dictionnaire les règles grammaticales. Elle recopie des pages entières de mots dont elle ignorait le sens. Elle étudie également avec obstination le « Vidal », la bible des médecins, et tout ce qui peut lui permettre de mieux comprendre le fonctionnement de l'organisme.

La voici qui déchiffre, à plus de trois heures du matin, un schéma de l'appareil respiratoire. Éclairée par une veilleuse, qui donne à la salle de garde une lumière lugubre, elle refait pour la troisième fois le même croquis. A cinq heures, aux premiers chants des oiseaux, elle referme un ouvrage sur les maladies tropicales. Elle se laisse gagner peu à peu par la fatigue. La tête dans les mains, les yeux mi-clos, tout engourdie, elle est subitement réveillée par la sonnette d'un malade qui appelle.

Elle ne compte plus les nuits blanches. Peu à peu, à l'hôpital, on lui confie des tâches comme aide-infirmière. Elle fait l'unanimité tant auprès du personnel et des malades que des médecins.

Il est vrai aussi qu'elle se fait de plus en plus belle et qu'on la croit volontiers plus âgée. Elle est gentiment courtisée par les internes. L'intérêt qu'on lui manifeste lui donne davantage confiance en elle.

Elle prend plus d'assurance et plus de plaisir à vivre. Quelque chose s'éclaire en elle. Elle avait tant besoin d'un peu de bonheur pour enfouir ses années de douleur, de frayeur, d'incertitude. Il n'y avait plus que colère et amertume dans sa vie. Il y a maintenant, ancré profondément en elle le désir d'apprendre, d'écouter, de se construire.

Elle n'en assume pas moins les tâches à la maison, aidée en cela par le frère aîné.

Jean se mobilise sans cesse afin de trouver, pour les « petits », le pain, la viande qui font défaut. Avec la guerre et l'occupation qui se prolongent, la vie est encore plus difficile. Aussi, il confie à sa sœur :

– Tu sais, je n'ai plus de fierté quand je vois que les petits ont faim...

Il fait quotidiennement le tour de toutes les associations d'entraide. Au milieu de vieux en haillons ou de mères de famille démunies, il tend le petit chaudron pour rapporter, de la soupe populaire, une ou deux portions de lentilles, de l'association des fourneaux économiques, un peu de tapioca ou de pois chiches... Il se fait souvent rabrouer. On le pousse du coude. On tente de l'exclure de la longue file qui bat la semelle sous le vent froid. Il entend çà et là diverses menaces :

– Fous le camp de là, toi! t'es jeune! dit un vieillard au poing menaçant.

– Va donc travailler en Allemagne si tu veux manger à ta faim! lance avec méchanceté une femme sans âge au corps décharné.

Jean joue des coudes, résiste autant qu'il peut. Il se fait exclure une nouvelle fois de la queue et revient à la charge. Il explique qu'il est là « pour les petits frères et sœurs qui n'ont plus rien à manger... » Peu à peu, il finit par imposer sa présence.

Si la mère retrouve la santé, le dernier enfant, lui, né avant terme, est particulièrement chétif. Il souffre notamment de coliques qui l'épuisent. Le lait manque et le bébé rejette toute autre forme d'aliment. Il est pris fréquemment de vomissements. Une fois de plus, Hélène est à son chevet, après le départ du médecin qui ne sait plus que prescrire pour guérir l'enfant. Il souffre surtout de malnutrition et ne cesse de pleurer nuit et jour. Le père, exaspéré par ses cris, déserte la maison. Jeanne, impuissante, malheureuse, pleure doucement. Elle prie. Le petit visage convulsé du bébé appelle la compassion. Hélène vient de s'enfermer avec lui dans la chambre des parents.

– Je t'en prie, je t'en prie, a supplié la mère, je n'en peux plus... Il souffre trop... je ne peux plus supporter... Prends-le!

La jeune fille déshabille l'enfant si maigre. Les os saillent sous sa peau presque transparente. Ses couches sont souillées par un liquide verdâtre, putride. Elle a pour lui des gestes à la fois de mère et d'infirmière. L'enfant pleure toujours. Soudain, Hélène ouvre son chemisier et tend son sein au bébé qui s'en empare aussitôt très goulûment. La petite bouche tire avec violence sur le jeune mamelon sec. Hélène retient un cri de douleur. Las de solliciter ce sein privé des bienfaits de la maternité, l'enfant donne un coup de tête en arrière et se remet à hurler.

L'adolescente le repose sur le dessus-de-lit matelassé et le met nu. Elle le masse doucement sur tout le corps et caresse son petit ventre tendu à l'excès. L'enfant s'arrête aussitôt de pleurer. Il gémit faiblement un long moment et s'endort, épuisé.

Le bébé ne se réveillera pas. Il meurt au matin dans le silence froid de la chambre gorgée d'humidité et de salpêtre.

Prostrée devant le berceau de son petit, Jeanne n'entend pas sa fille aînée, qui tente de l'apaiser.

– Il souffrait trop, maman... C'est un petit ange maintenant.

Hélène se penche vers sa mère.

– Il faut que tu te reposes... Tu dois te rétablir pour les autres...

Jeanne est secouée de sanglots. Elle a un pauvre regard vers le corps sans vie et murmure :

– Je voudrais partir avec lui...

Hélène dénoue le foulard qu'elle porte autour du cou et essuie les larmes de sa mère avec infiniment de tendresse.

– Ne dis pas ça, maman... on a tous besoin de toi.

– C'est trop injuste... trop injuste cette vie!

Elle est là, à scruter le visage crayeux de l'enfant, à tenter d'imaginer le petit garçon qu'il serait devenu, plein de rires, de caprices et de larmes. Elle sait maintenant qu'elle sera privée pour toujours de la douceur de ses baisers, de ses regards étonnés, de ses petites mains tendues pleines d'amour et de demandes. Elle sait qu'elle ne respirera plus l'odeur si délicate de sa peau d'enfant et qu'elle ne retrouvera plus cette exaltation que provoquait l'arrivée de chaque nouveau-né et qui, chaque fois, la régénérait et lui permettait de mieux supporter cette vie si difficile aux côtés d'un mari brutal et tyrannique.

Le cri qu'elle pousse à cet instant est celui de la mère animale, brisée, blessée à mort. Peu à peu le silence se glisse dans son cœur.

C'est sans joie particulière que la famille apprend le débarquement des Alliés. A aucun moment les parents, comme les enfants, n'ont exprimé un quelconque sentiment patriotique. Ils ont mené, à leur manière, une autre guerre : celle de la survie. Les aînés se sont mobilisés pour faire manger les plus jeunes. La Libération ne remplit pas davantage les ventres creux. Les privations durent, les conflits se poursuivent au sein de la famille.

14

Sans travail, sans aucune formation, Jean s'engage dans l'armée de l'air. En 1946, la France appelle cette fois ses enfants du côté des territoires d'outre-mer : en Indochine.

– Maintenant qu'il n'est plus là, tu vas en baver, ma fille !

Tel est le premier commentaire du père, au départ du fils aîné.

Cette fois, il a déplacé toute sa rancœur et son mépris du monde vers sa fille. Celle-ci, malgré toutes les difficultés auxquelles elle est confrontée, rayonne dans sa jeunesse.

Tant de beauté, de force de caractère, de générosité irritent cet homme aigri, blessé par les échecs. Il faut donc qu'il déteste, qu'il souille, qu'il méprise, qu'il humilie cet être si proche de lui, cette jeune fille – sa fille – si belle, si opiniâtre, si dévouée, qui semble réussir là où il a si souvent échoué. Il n'est plus que jalousie et méchanceté.

Par sa perspicacité, Hélène, à l'hôpital, a désormais accès au bloc opératoire. C'est ainsi qu'elle devient assistante. Son travail consiste à passer les instruments de chirurgie au « patron » lors des opérations. Le professeur Le Vaillant, éminent spécialiste en neurochirurgie, n'est pas seulement ému par la silhouette et l'allure troublante de cette jeune fille, il est impressionné par sa mobilisation, son désir d'apprendre, sa curiosité, sa sensibilité.

La lumière verdâtre du bloc donne au personnel, habillé de blouses bleutées, des silhouettes fantomales. Hélène, les cheveux pris dans un bonnet blanc et le visage masqué, aligne devant elle, sur un plateau métallique, les instruments qui viennent d'être stérilisés. Elle est à la droite du professeur. C'est un homme de forte stature, qui s'achemine vers la quarantaine. Son regard extrêmement doux contraste avec son physique, impressionnant au premier abord. Il parle d'une voix feutrée, très retenue. Les gants de caoutchouc transparent qu'il porte ne dissimulent pas l'élégance de ses mains aux longs doigts, dont on loue ici sans cesse l'extraordinaire dextérité. Il opère en effleurant les parties du corps les plus délicates à atteindre. Sa courtoisie et sa distinction sont légendaires, bien au-delà de son service à l'hôpital. Attentif, délicat, il sait être ferme et suscite partout le respect et l'admiration.

L'anesthésiste repose la seringue qu'il tenait à la main et fait un signe de la tête au patron. Comme un véritable chef d'orchestre devant son pupitre, le professeur Le Vaillant scrute avec attention ses collaborateurs, les uns après les autres. C'est sa manière à lui de les interroger pour savoir s'ils sont prêts et c'est aussi la façon qu'il a de les encourager et de leur témoigner sa confiance. Ses yeux immensément lumineux donnent l'impression de s'attarder plus longuement sur la jeune fille. Il baisse enfin la tête vers l'opéré, tend la main à plat vers Hélène et commande avec gravité :

– Bistouri !

Sans trembler, sans précipitation, Hélène tend l'instrument.

– Compresse... Écarteur...

En une demi-seconde, le chirurgien a procédé à l'ouverture d'une partie de la boîte crânienne. La jeune fille, attentive au travail du patron, ne se laisse pas émouvoir par le filet de sang qui jaillit.

L'intervention a duré plus de quatre heures. Hélène, une autre infirmière et le « patron » sont maintenant dans la pièce attenante au bloc opératoire. Ils se libèrent de leurs vêtements de chirurgie.

– Voulez-vous m'aider ?

Le professeur Le Vaillant ne parvient pas à défaire la cordelette de son masque. Il le tient devant lui entre le menton et le cou. Hélène s'approche. Comme l'homme est grand, elle est contrainte de se dresser sur la pointe des pieds. Elle tend les mains. Ils sont très près l'un de l'autre. Le chirurgien lève la tête très haut pour ne pas se laisser troubler par le parfum de la jeune fille qui monte vers lui. Elle, rougissante, se sent embrasée, soudain toute brûlée d'impatience et de désir.

Ils ne sont plus que tous les deux, à présent, dans la pièce pleine de tiédeur moite. Il pose lentement ses longues mains sur les épaules rondes d'Hélène, dont il devine toute la saveur. Elle tremble. Il la regarde. Leurs bouches vont se rencontrer. Soudain l'homme lâche son étreinte. Il baisse la tête, se tourne vers le lavabo et murmure, de sa voix douce et chaude :

– Pardonnez-moi, Hélène... Je n'ai pas le droit...

Il sort aussitôt de la pièce. Hélène demeure un instant sans réaction. Une glace lui renvoie le reflet d'une jeune fille boudeuse, comme plantée au milieu d'une salle de bal. Elle s'examine attentivement dans le miroir, éclate de rire en tournant sur elle-même et en répétant plusieurs fois :

– Je l'aime, je l'aime, je l'aime... Il m'aime !

Hélène n'ignore pas que le professeur Le Vaillant est marié et père de quatre enfants...

Octobre 1945. Un mois après l'une des plus belles vendanges du siècle, qui donnera naissance à un cru historique.

C'est dans les roux de l'automne qui illuminent les arbres de reflets dorés que Jeanne met au monde le « Petit ». L'enfant naît à un moment où la famille vit une sorte de répit. Elle est soutenue financièrement, à distance, par le fils aîné et Hélène livre tous les mois l'intégralité de son salaire. Malgré les incohérences habituelles du père, la jeune fille gère tout à la maison.

Depuis six mois, elle est vraiment heureuse pour la première fois de sa vie. Mais elle cache son amour fou pour le professeur Le Vaillant. Ils n'ont pu résister, malgré les interdits, à leur terrible attirance. Hélène s'est donnée avec la démesure, la fougue et toute la générosité de sa jeunesse. Elle aime cet homme de toute sa chair, avec volupté, violence, tendresse. Elle apprend tout de lui. Le chirurgien, grave, sérieux, respectable, se reproche, lui, cet amour qui bouleverse sa vie et son équilibre familial. Il tente sans cesse de se raisonner, de se reprendre. Il se jure sans cesse de renoncer, de préparer la jeune femme à la séparation. Il lui faudra plus d'une année pour décider de mettre un terme à cette liaison passionnelle, dont on parle de plus en plus autour de lui.

Elle titube. Son regard est flou. La tête lui tourne. Elle s'accroche aux herbes hautes, sans prendre garde qu'elle se blesse aux ronces et aux orties. Elle suffoque. Ses sandalettes laissent derrière elle une légère empreinte dans le sable épais du bord de la rivière. Elle a de l'eau maintenant au-dessus des chevilles. Le ciel est couvert de gros nuages laiteux. Une hirondelle effleure à vive allure la surface de l'eau, gobant au passage moucherons et moustiques. Une libellule bleu et vert stagne un instant devant elle en agitant follement ses ailes transparentes. Hélène n'a plus la force d'avancer. Un poids énorme pèse sur ses épaules. Elle se sent tout engourdie, dans l'incapacité de faire un pas de plus. Il le faut pourtant. Sa décision est prise. Elle veut mourir.

Elle ferme les yeux. Des myriades d'étoiles argentées viennent se figer sous ses paupières. Des bruits lointains de campagne résonnent dans son corps.

Son menton tremble. Elle frissonne.

De l'autre côté, un feu de fougères brûle en dégageant une âpre fumée mauve.

Hélène s'affaisse sur les galets glissants. Combien de temps est-elle restée ainsi, couchée dans l'eau, la tête miraculeusement hors des flots ?

Les médicaments qu'elle a absorbés en grande quantité ont provoqué, au contact de l'eau glacée, cet évanouissement qui lui a probablement sauvé la vie. Deux mètres plus loin dans la rivière, elle se noyait. Elle a été découverte par le cantonnier qui surveillait le feu de broussailles.

Sa tentative de suicide a bouleversé le professeur Le Vaillant. Il est venu très vite à son chevet, faisant fi des commérages. Pendant plusieurs semaines, à force d'attention, de tendresse, de discussions, il a fini par convaincre Hélène de la nécessité d'interrompre leurs relations. Il lui a suggéré un poste ailleurs, loin, en Afrique du Nord.

Avec la sagesse soudaine d'une petite fille, elle l'a

écouté sans lui lâcher la main, sans le quitter des yeux, comme si elle voulait enfouir au plus profond d'elle-même, et pour toujours, le souvenir de ce regard si lumineux, si doux, si généreux.

C'est ainsi qu'elle dit adieu à son premier amour.

Quelques semaines avant son départ, un autre événement tragique bouleverse la vie de la famille.

Dans ces premières années d'après-guerre, Raymond, le sixième enfant, est un garçon mélancolique, tendre, solitaire.

La famille occupe une vieille bâtisse à la sortie de la ville, en bordure de cette rivière où la sœur aînée a fait sa tentative de suicide. Raymond joue souvent seul au bord de l'eau. Il fabrique avec des galets des barrages de canaux, de petits villages de pêcheurs.

Il vient de passer une bonne partie de l'après-midi à s'occuper ainsi. Il remonte le sentier qui conduit à la maison. Au passage, il cueille quelques grosses mûres noires qu'il garde au creux de la main pour les offrir à sa mère. Il prend garde à ne pas les écraser et à ne pas se tacher. Il est très maladroit, Raymond.

– T'es tellement étourdi, mon garçon..., dit souvent la mère, sans aucune méchanceté.

C'est un rêveur. Il marche la plupart du temps pieds nus et oublie souvent d'aller à l'école. Il passe de longs moments à observer le travail des fourmis infatigables, à gratter avec un brin d'herbe le trou d'un grillon, à chasser les têtards dans les ruisseaux, ou les criquets, qu'il enferme dans de vieilles boîtes d'allumettes de la Seïta. Dès qu'il entend des cris dans la maison, il disparaît dans la nature et ne revient qu'après l'orage, les poches bourrées de jujubes, d'amandes vertes ou de poil à gratter, qu'il glisse dans les lits des plus grands. Il collectionne aussi les capsules métalliques des bouteilles de limonade et de « Pschitt » orange ou citron.

Il est un peu plus de quatre heures de l'après-midi, ce jour-là. La mère achève de donner le biberon au petit dernier, dans la pièce commune aux persiennes en clef. Depuis un long moment, une grosse mouche – une de ces mouches à merde, comme les appellent les enfants – se heurte aux murs gris. Le bruit des ailes qui grésillent semble bercer l'enfant qui tire sur sa tétine avec un bel appétit. Ses jambes et ses petits pieds battent l'air avec une aussi belle vivacité.

– Comme il fait lourd..., murmure Jeanne.

Elle sursaute quand elle entend le coup de frein strident, suivi d'un long silence. Elle se lève d'un bond et hurle instinctivement :

– Mon Dieu !

Elle se précipite vers la cage d'escalier et reste saisie d'effroi sur le palier. En bas, dans l'entrebâillement de la porte qui laisse passer une lumière trop blanche qui blesse les yeux, elle distingue la grosse roue noire d'un camion légèrement en biais et une petite silhouette allongée sur la chaussée goudronnée. En un éclair son esprit vacille. Hélène surgit à cet instant. La mère lâche le bébé qu'elle tenait dans ses bras. La jeune fille le rattrape *in extremis*, avant qu'il ne tombe dans l'escalier que la mère descend à grandes enjambées. Le hurlement qu'elle pousse déchire l'air épais de cette fin de journée.

Le petit Raymond vient d'être tué sur le coup. Il a traversé la route, au moment où surgissait dans le virage ce gros camion d'une entreprise agricole.

L'enfant gît, le visage en sang. Dans sa main grande ouverte, les mûres sont intactes. La mère étreint le corps de son petit. Elle se relève, tourne autour de lui, les yeux révulsés. Elle s'accroche au cou d'un voisin, se lacère le visage à coups d'ongles, martèle, les poings fermés, le chauffeur hagard et se rejette sur le corps de l'enfant en hurlant.

Jeanne a perdu la raison. Elle est hospitalisée dans un établissement psychiatrique. Hélène devient la mère de tous les enfants. Le père se réfugie une fois de plus dans l'alcool. Bien que très absorbée par les tâches de la maison, la jeune fille n'a pas pour autant abandonné son emploi. Contrainte de différer son départ pour l'Afrique du Nord, elle a simplement demandé à changer de service pour éviter de rencontrer le professeur Le Vaillant.

Après plusieurs mois de traitement, l'état de santé de la mère s'améliore. Elle sort peu à peu de sa torpeur et finit par retrouver toute sa vitalité. Bientôt elle peut rentrer à la maison.

Quelques jours plus tard, Hélène embarque à Marseille pour l'Algérie.

15

La bande du grand Negroni n'est plus là pour l'observer, alors le Petit, au bord de cette adolescence qui paralyse les élans de tendresse, redevient l'enfant des années passées, qui attendait fébrilement le retour de la grande sœur. « Et après tout..., se dit-il, ce n'est qu'en octobre que je les aurai mes douze ans... »

C'est ainsi qu'il se retrouve sur les genoux d'Hélène et renoue avec les gestes, les rires tendres de la petite enfance.

La présence de la grande sœur illumine la maison, habituellement si terne. Elle suffit à effacer les traces de misère, les manques... Elle irradie. Sa beauté est tellement singulière. Pour l'enfant, tout en elle resplendit.

Le père aussi la regarde avec fascination... Devant elle, il cherche à se tenir. Il prend des airs, raisonne, tente de retrouver quelques-unes de ses nobles attitudes de jeunesse, du temps où il paradait avec élégance et suffisance dans les salons de thé. Il cherche à se rapprocher d'elle. Il provoque la discussion, l'interroge sans cesse sur ses activités professionnelles, sur la situation politique en Algérie. Il la contemple avec fierté, l'observe quelquefois, comme s'il ne s'agissait plus de sa fille. Il n'a visiblement plus en mémoire les années de conflits et d'affrontements.

Il est vrai aussi que la jeune femme lui parle sans rancune, sans mépris. Elle l'écoute même très attentivement. Elle décèle encore chez cet homme très abîmé par l'alcool une grande capacité de réflexion, d'écoute.

Le Petit les observe avec une sorte d'admiration. Il a

été si peu habitué à une telle représentation de sa famille...

Ils sont en ville, maintenant. Le Petit n'y vient que très rarement. Il se sent tellement enfant de la campagne. Aussi, est-il surpris par tant d'animation. Il ne sait trop s'il est grisé par le va-et-vient des voitures ou par la présence de la grande sœur à son côté. Il s'est laissé prendre la main, même si, au fond, il trouve que « ça fait minot ». Il a bien conscience que plein de choses se sont passées en lui. Il sait parfaitement qu'il devient autre, qu'il devient « un grand ».

Avant de partir Hélène l'a détaillé de la tête aux pieds et a lancé en riant :

– Que tu fais misère habillé comme ça! On va aller t'acheter quelques affaires...

Le Petit s'est demandé à cet instant si la sœur savait qu'il n'y avait pas d'argent à la maison... Il sait bien, lui, qu'il n'a pas fière allure avec cette chemisette délavée, ce short rapiécé et ces sandalettes écornées, réparées avec des bouts de pneus d'automobile. Il s'est savonné dans l'évier de la cuisine, mais il a eu beau frotter fort, il n'a pu effacer tout à fait la crasse incrustée dans les plis des genoux. Il s'est passé la tête sous l'eau puis, avec l'aide du miraculeux gel « Pinto », il s'est fait son plus beau cran sur le haut du front. Une coque bien rigide. Du plat de la main, il en a testé la solidité. Il s'est dit, avec un air d'expert en la matière : « C'est du vrai carton-pâte. »

Ainsi, bien coiffé, il a le sentiment de compenser la médiocrité de sa tenue vestimentaire. Les voisins ne manquent pas une occasion de lui faire remarquer, voire de s'extasier avec un brin de moquerie : « Oh! que tu es bien coiffé! Tu es beau comme un astre... Tu vas au mariage? »

Généralement, le Petit hausse les épaules ou s'éloigne en faisant un bras d'honneur.

Avant de partir, la sœur l'a regardé, étonnée. A son tour, elle a passé sa main sur la carapace de gel :

– Tu es sûr que tu es obligé d'en mettre autant? a-t-elle demandé avec un drôle de petit sourire.

L'enfant a rougi. Il s'est regardé une dernière fois dans la glace et s'est senti misérable, humilié. Il a eu envie tout d'un coup de s'enfuir en courant. Hélène a passé sa main autour de son cou et a déposé un baiser sur son front.

– Tu es beau quand même..., tu vas commencer à plaire aux filles...

Le Petit a rougi une nouvelle fois en pensant à la Cigale...

En ville, c'est lui qui pousse le premier la porte du magasin. La vendeuse les regarde, l'air plutôt perplexe. Elle sourit d'abord à la jeune femme élégante dans sa robe d'été d'excellente coupe, avec l'air de se demander ce qu'elle fait en compagnie de ce gamin. Elle fronce les sourcils. Au coup d'œil qu'elle lui lance, l'enfant comprend immédiatement son rejet. Il connaît bien ce regard... ce regard de ceux qui « ont », de ceux qui possèdent vers ceux qui « n'ont pas »... les démunis, « les moins-que-rien ». En un éclair, le Petit sait qu'on le toise, qu'on le méprise. Elle ne dit rien, pour l'instant, cette vendeuse trop parfumée, mais l'enfant croit lire sur ses lèvres :

– Qu'est-ce que tu fais là, toi ? Veux-tu me fiche le camp !

Il a le sentiment, une fois de plus, d'être considéré comme ces enfants gitans de la région que les gens, « bien comme il faut », rejettent systématiquement par une réflexion désagréable, ou en les menaçant du balai.

Heureusement, la grande sœur le tient par la main. Il la serre plus fort encore. Il a l'air d'un petit oiseau affolé... Hélène a bien compris ce sentiment d'humiliation que vient d'éprouver le petit frère. Son visage se ferme subitement. Elle dit avec une certaine rudesse à la vendeuse :

– Montrez-moi donc ce que vous avez de mieux, pour mon petit gitan de fils...

L'enfant n'en croit pas ses oreilles. Il répète plusieurs fois dans sa tête : « Elle a dit mon fils... mon fils... c'est comme si j'étais son fils. » Un voile de tristesse assombrit soudain ses yeux. « Je suis pas son fils, pourquoi je suis pas son fils ? »

– C'est pour l'été ? demande la jeune femme, retrouvant soudain son sourire commercial.

– Pour l'été et pour l'hiver, commande Hélène en la gratifiant d'un sourire plein d'ironie.

En quelques minutes le comptoir de ventes s'emplit de vêtements. La vendeuse étale une dizaine de chemises, des pantalons et des shorts...

– Si c'est sa taille, on prend tout! Et il faut un manteau aussi! dit Hélène avec une assurance qui stupéfie l'enfant.

Le souffle coupé, il bredouille :

– Tout? T'es sûre que t'as les sous?

– Tout! répète Hélène et des pantalons longs aussi... t'es un jeune homme maintenant... Et les sous, t'inquiète pas, j'en ai.

Quelques instants plus tard, il est devant la glace, habillé de pied en cap. Il enfile un manteau élégant à chevrons, se regarde longuement et ne se reconnaît pas. Derrière lui, la grande sœur l'observe, attendrie. Il n'en peut plus, l'enfant. C'est trop. Tout d'un coup, sans prévenir, les larmes jaillissent. Hélène se précipite et l'étreint tendrement. Elle aussi pleure. Doucement, en lui caressant les cheveux. Tant de choses remontent en eux, tant de privations, de vexations... Le Petit a alors le sentiment de prendre sa première revanche sur la vie.

Hélène finit par chuchoter à son oreille :

– J'ai une autre surprise pour toi...

Elle marque un temps, plante ses yeux dans ceux de son frère, essuie d'un doigt la trace d'une larme et reprend :

– Je ne retourne pas en Algérie... Je reste en France... je m'installe à Paris... j'ai rencontré quelqu'un!

L'enfant reste bouche bée, tout étourdi par la nouvelle.

La vendeuse, plantée au milieu du magasin, ne sait quelle attitude adopter.

– Ce n'est pas tout, reprend Hélène, mais cette surprise, je ne peux pas t'en parler maintenant, ça ne dépend pas que de moi...

Le Petit n'a pas vraiment prêté attention à la dernière phrase de la grande sœur. Il retient surtout qu'elle ne retournera pas en Algérie. Tout à sa joie, il saute sur place et lance plusieurs fois, en prenant la vendeuse à témoin :

– C'est trop beau, c'est trop beau... je rêve! Je ne veux pas me réveiller.

Il s'arrête brusquement et s'admire une dernière fois dans la glace.

– Putain, si la Cigale me voyait!

Il se retourne, fait face à sa sœur et ajoute :

– Et puis je fais riche, habillé comme ça!

Hélène s'approche, remet en place le col du manteau,

le boutonne, contemple l'enfant et dit sur un ton plein de défi et de gravité :

– Je ne sais pas si tu fais riche, mais, moi vivante, je te le jure, tu ne feras plus jamais pauvre!

La soirée s'est achevée au restaurant, où l'a invité la grande sœur. C'était la première fois de sa vie qu'il allait au restaurant.

A présent, dans sa chambre, il fait défiler dans sa tête les temps forts de cette journée. Il ne parvient pas à s'endormir...

De plusieurs coups de pied nerveux, il rejette le drap rêche qui colle à la peau. L'air est lourd. Il se relève, ouvre les volets en grand et écoute les rumeurs de la nuit. Un gros papillon de nuit tambourine, de ses ailes épaisses poudrées de jaune, sur la vitre fraîche de la fenêtre. Il s'envole soudain, lourdement, vers l'armoire à glace. Il a laissé sur la vitre une pellicule dorée sur laquelle le Petit pose l'empreinte de son index...

Il se recouche, ferme les yeux avec la volonté de s'endormir le plus vite possible. C'est à ce moment-là qu'il finit par entendre, à travers le mur, la conversation entre ses parents et la grande sœur. Il enlace son oreiller, se colle à la tapisserie. Il reconnaît d'abord la voix de sa sœur :

– Je ne te le vole pas, maman...

L'enfant croit entendre un sanglot, puis il identifie la mère.

– Je ne le verrai plus, dit-elle.

– Ne dis pas ça, maman... c'est pas vrai, tu le sais bien...

Il colle son oreille plus près encore, reconnaît la voix du père :

– Et cet homme? C'est bien sérieux? Il est d'accord?

– Oui, il est d'accord, dit la voix agacée de la grande sœur.

– Tu vas te marier avec lui? interroge la mère, inquiète.

L'enfant ne parvient pas à entendre la réponse de sa sœur.

– Et c'est quoi, son métier? interroge le père sur un ton plein de méfiance.

– Il est ingénieur.

– Mazette! c'est pas rien, dit le père avec une pointe d'affectation.

Après un bref silence, il reprend :

– Il a de l'argent, alors...

– Je t'en prie, papa..., ce n'est pas le plus important.

– Tu parles que ce n'est pas important... c'est capital, oui! C'est toujours ceux qui en ont qui disent que ce n'est pas important... Il vaut mieux faire envie...

A cet instant la voix du père est couverte par les cris répétés d'une chauve-souris qui semble avoir trouvé une proie.

– Et pourquoi tu ne lui fais pas un enfant? demande la mère.

– Il en a déjà deux d'un premier mariage...

Un gros nuage noir vient masquer la lune qui éclairait la chambre d'une lumière soyeuse. Pour le Petit, cette obscurité soudaine semble donner plus de gravité aux propos qui sont échangés dans la pièce voisine.

– Et il va s'encombrer d'un troisième? s'étonne la mère.

– C'est pour moi qu'il le fait...

Un nouveau silence s'installe pendant quelques secondes. La lune réapparaît d'un coup, en inondant la chambre d'une lumière nouvelle plus jaune encore, plus lumineuse.

– Un divorcé... c'est pas bon, ça! dit le père.

– Tu ne manques pas de culot de dire ça, toi qui as mis des années avant d'épouser maman!

Hélène vient de hausser le ton. Elle ne craint plus de tenir tête au père.

– Ça serait mieux quand même que t'aies un petit à toi, reprend la mère d'une voix à peine perceptible.

– C'est pas possible, maman!

Un coup de vent inattendu balaie les murs de la chambre. Le Petit frissonne. Il tire le drap sur sa poitrine, tout en restant figé, tendu sur la cloison froide.

– Écoute, maman... – la grande sœur donne l'impression d'implorer la mère –, à Paris, j'ai une bonne situation, mon ami aussi... Il ne manquera de rien. Il pourra faire des études! Qu'est-ce qu'il va devenir ici?

– Il n'est pas malheureux avec nous! se défend la mère.

Elle marque un temps et continue :

– C'est sûr qu'on ne roule pas sur l'or, mais on essaie de faire bonne figure!

– Je sais bien, maman, mais il faut lui donner sa chance...

Un moment, la conversation s'interrompt. L'enfant renforce sa pression sur le mur au point qu'il lui semble entendre les respirations des uns et des autres. Il a compris, bien sûr, depuis un long moment qu'il est l'enjeu de cette conversation. Il ne sait plus que penser. Il n'ose pas se lever, ouvrir la porte et entrer dans la cuisine. Maintenant, il entend sa mère qui pleure. Soudain, elle se met à crier :

– Tu me le voles, ma fille!

Hélène ne répond pas immédiatement. Elle paraît attendre que sa mère se calme. Elle lui parle maintenant avec infiniment de tendresse :

– Je ne te le vole pas, maman... Tu le verras à toutes les vacances...

– Il va m'oublier, je ne serai plus sa mère.

Le Petit, de l'autre côté du mur, la gorge pleine de sanglots, devine que les deux femmes se sont rapprochées l'une de l'autre.

– Tu resteras toujours sa mère... Il sait bien que je suis sa sœur...

– Que tu crois! Il faudrait que tu voies comment il parle de toi, avec quelle impatience il t'attend tous les ans...

– Mais laisse-la donc, si elle veut en faire un monsieur! tranche la voix du père.

– Mais c'est mon dernier... dit la mère, la voix cassée.

– Maman, c'est difficile ici pour les enfants... ça sera mieux pour son avenir!

Un nouveau silence s'installe dans la pièce. Le Petit détache un instant son oreille de la cloison. Il s'impatiente. Il entend encore quelques sanglots de sa mère, puis il devine sa voix :

– Évidemment, dit-elle avec un accent de gravité, si c'est pour son avenir...

Elle soupire lourdement, renifle plusieurs fois et ajoute :

– Mon Dieu, comme il va me manquer!

Des larmes tièdes coulent sur les joues de Petit. Il est à la fois plein de tristesse, de mélancolie et de bonheur. Il pleure la séparation d'avec sa mère, mais il ne peut s'empêcher d'éprouver un grand sentiment de joie à l'idée de partir vivre avec la grande sœur. Cette pensée le met dans un tel état d'exaltation qu'il ne parvient pas à trouver le sommeil et reste un long moment les yeux grands ouverts dans la chambre éclairée par une grosse lune bouffie, venue s'installer avec une incroyable précision au milieu de l'encadrement de la fenêtre.

Il murmure plusieurs fois, comme pour en vérifier la réalité :

– Putain con ! si je vais à Paris, si je vais à Paris... qu'est-ce qui vont dire Negroni et les autres couillons ?

Il ne peut s'empêcher alors de penser à Vivi. « Elle va être triste, ma Cigale, c'est sûr... mais si elle m'aime, elle m'attendra. Je reviendrai quand je serai riche... »

L'enfant entend soudain le vent qui gonfle les larges feuilles du figuier massif du jardin du père Rodier. « Demain avec Vivi, se dit le Petit, on n'aura qu'à se baisser pour les ramasser les figues. »

Le vent vient de loin. Il gonfle progressivement et éclate tout d'un coup sur les tuiles. Dans la chambre, le Petit, indifférent aux moustiques qui s'acharnent sur sa peau endurcie, se claque le bras ou la cuisse du plat de la main.

Un nouveau courant d'air siffle à travers les persiennes. A cet instant, l'enfant sent une douloureuse oppression dans sa poitrine.

– Ça me fait peur, couillon, d'aller à Paris...

Le lendemain matin, quand Hélène annonce la nouvelle au Petit, il feint à peine la surprise. Il hurle sa joie et se précipite tour à tour dans les bras de sa grande sœur et de sa mère. Il finit, pour elle, par tempérer son enthousiasme. Il sait toute sa tristesse. Digne, souriante même, elle ne dit rien pourtant. Elle contient ses larmes. Le Petit mesure d'autant plus sa peine, son sacrifice...

16

– Parisien, tête de chien ! Parigot, tête de veau !

C'est ainsi qu'elle réagit, Vivi, quand le Petit lui annonce son départ pour la Capitale. C'est sa façon à elle de lui dire qu'elle n'approuve pas ce projet, de lui marquer son attachement et de manifester sa grande tristesse. Si elle ironise, si elle fait le pitre, c'est bien pour masquer sa peine.

Elle ajoute, avec ce petit air narquois qui lui est si souvent familier :

– Tu t'es enfin décidé à sortir des jupes de ta frangine ! Ma parole, ça fait bien plus d'une semaine qu'on t'a pas vu...

Le garçon hausse les épaules et cherche à éviter le regard de son amie.

– Je t'ai cherchée partout, dit-il sans grande conviction.

– Mon œil ! T'étais collé à ta princesse, vouais...

– Je te jure ! Je savais pas que tu étais ici...

Ici, c'est l'entrepôt, à la sortie de la ville, où Vivi donne de temps en temps un coup de main à son père qui travaille aux abattoirs. Tout le monde la connaît ici, la « Cigale ». On la connaît pour son culot, son humour, son sens de la repartie, sa vivacité, sa jolie frimousse et son sale caractère. Elle s'acquitte de multiples petites tâches qui vont du nettoyage des sols et des murs ensanglantés des postes, où les animaux ont été saignés, au tri d'abats. Rien, dans l'abattoir, ne semble l'impressionner. Il n'est pas rare, pourtant, de voir de jeunes apprentis tourner de l'œil ou renoncer au bout de quelques jours. Le Petit, lui, n'aime pas cet endroit. Il s'est rarement aventuré au-delà de la pièce de ressuage. « C'est l'endroit, lui a expliqué Vivi, où l'on retire l'eau et l'humidité des peaux des animaux qui ont été abattus. » La dernière fois qu'il a vu Vivi trier des abats, il s'est juré de ne plus manger de viande.

Cette fois, elle est occupée à nettoyer cet espace qu'on appelle la salle des tueries. Elle est habillée tout en blanc, comme un chirurgien : bottes, blouse, bonnet et tablier de caoutchouc...

– Tu fais vieille, habillée comme ça ! lui fait remarquer le Petit sans méchanceté.

Il est vrai qu'en quelques mois Vivi a bien changé. Elle arrose avec une belle vivacité les murs maculés du sang des animaux qui viennent d'être tués. Le Petit se tient derrière elle pour éviter les éclaboussures. Elle se tourne à demi et lance :

– Tu vas faire le joli cœur à la Capitale...

– Ça va pas, non ! T'es cinoque ou quoi ?

– Je suis jalouse de toi !

Il s'approche d'elle et dit, d'une voix qu'il rend la plus tendre possible :

– Allez, viens, on s'en va d'ici...

– Non, j'ai encore du boulot, monsieur le Parisien. Si tu as mal au cœur, t'as qu'à t'en aller. Ici, il n'y a pas de mauviette !

– Je suis pas une mauviette, d'abord ! se défend le garçon en rougissant légèrement.

Vivi se plante devant lui, les poings sur les hanches, dans une attitude de défi.

– On va vérifier ça tout de suite, monsieur le Parigot... Je te préviens, tu vas en voir, du sang !

L'adolescente l'entraîne dans un long couloir étroit aux murs de carreaux blancs. Ils poussent ensemble un lourd rideau en plastique transparent et débouchent dans une autre salle de tuerie.

Dans un box, un ouvrier sélectionne une dizaine de moutons. Il en saisit un par l'encolure et, de l'autre main, s'empare d'une grosse pince en forme de fer à cheval qu'il applique sur la tête de la brebis, qui est aussitôt prise de convulsions avant de s'affaler inanimée.

– Elle est morte ? demande l'enfant.

Avec l'air de celle qui s'y connaît, Vivi fait non de la tête et explique :

– Mais non ! il l'a estourbie. Elle a juste pris le jus...

– Le jus?
– Vouais, le courant électrique... C'est pour pas qu'elle souffre, tout à l'heure...
L'homme attache les pattes arrière de l'animal à une chaîne reliée à un treuil. Il saisit un couteau effilé qu'il porte dans un étui sur le côté et, d'un geste vif et précis, égorge la brebis. Le sang jaillit avec violence. Vivi regarde son ami. Elle le jauge. Le garçon ne laisse rien transparaître. Il serre les dents et ne baisse pas les yeux. Elle soupire un grand coup et ajoute :
– On va aller au piège.
– Le piège? Quel piège?
– Le box d'abattage des bœufs. Je te préviens, hein, c'est impressionnant quand on n'a pas l'habitude.
Il y a une nouvelle fois, dans l'attitude de l'adolescente, la volonté de provoquer la sensibilité du garçon. C'est un peu sa façon à elle de le punir, de lui faire payer ce départ qu'elle interprète comme une trahison.
Elle lui tend avec autorité une blouse trop grande pour lui.
– Mets-la! Ça t'empêchera d'être tout empégué de sang!

La bête s'engage dans l'étroit couloir conduisant au box d'abattage. Le garçon la regarde avec une certaine compassion. L'ouvrier préposé à la tâche ouvre le pistolet d'abattage, un gros tube en deux parties, qu'il dévisse pour engager une balle. Il referme le tube, saisit le bœuf par une corne, appuie l'orifice de l'instrument mortel sur le front de l'animal et presse sur la détente. La bête s'affaisse des quatre membres d'un seul coup. Le sang coule par les naseaux. Les yeux révulsés du bœuf, pleins d'effroi, sont énormes. Il ne bouge plus, cette fois.
L'enfant ne veut rien laisser paraître de son émotion, d'autant qu'il sent toujours le regard de son amie peser sur lui.
Une porte latérale s'ouvre sur le côté. La bête glisse sur une pente inclinée. Un autre homme la récupère, bloque ses pattes arrière dans la chaîne d'un treuil, actionne une manette; l'animal s'élève à la verticale. Ses grosses pattes frémissent encore.
– T'es sûre qu'il est mort? demande le Petit à Vivi.
Elle s'est bien rendu compte, cette fois, par le ton de sa voix, de son inquiétude, de son émotion.

– Évidemment! C'est les nerfs qui bougent, t'en fais pas.

Le treuil se déplace vers un autre ouvrier qui, armé d'un couteau, égorge le bœuf. Le sang chaud coule à flots. Vivi détourne la tête. Déjà, dans le box, une autre bête s'écroule. Le Petit regarde un long moment l'animal en attente. Les gros yeux exorbités, le naseau mouillé, il mugit violemment.

– On dirait qu'il le sait qu'il va mourir...

– T'es fada! Comment veux-tu qu'il s'en doute?

– Je suis sûr qu'il le sent..., fait le Petit en passant sa main sur le front de l'animal.

« Quelques secondes à peine pour passer de la vie à la mort, ajoute l'enfant, cette fois bouleversé.

Vivi prend la main du Petit et l'entraîne en courant hors de l'abattoir.

– Moi, j'en peux plus..., dit-elle tout essoufflée.

– Tu vois que je suis pas une mauviette! J'ai pas tourné de l'œil, moi!

– T'es un champion, je le reconnais. Moi, j'ai envie de rendre...

– Moi aussi, avoue le Petit.

Il fallait qu'ils se retrouvent au cabanon pour renouer avec leur complicité et leur tendresse. Ils ont un peu perdu l'habitude l'un de l'autre. Encore sous le coup de la nouvelle du départ de son ami, Vivi ne peut s'empêcher d'envoyer quelques dernières petites piques à son amoureux.

– Tu vas te croire, maintenant... Tu vas faire le fier, té!

– Je vois pas pourquoi..., s'étonne le Petit.

– Tu penses, habiter à la Capitale, c'est pas rien...

– Comme si j'avais l'habitude de faire le mariolle, répond le garçon en haussant les épaules.

Ils sont assis sur le vieux canapé-lit poussiéreux, collés presque l'un à l'autre, jambes contre jambes, cuisses contre cuisses.

– Tu vas voir que tu vas te choper l'accent pointu..., reprend l'adolescente, un rien moqueuse.

– Ça va pas, non!

Le Petit regarde depuis un moment, près de la porte, un scarabée noir qui, pattes en l'air, tente de se remettre d'aplomb. Il roule désespérément sur sa carapace sans parvenir à se rétablir. L'enfant se lève et le remet sur ses pattes.

– Regarde ta sœur, ajoute Vivi, elle ne l'a plus, l'accent, c'est pour ça qu'elle fait fière...

– Arrête de dire des fadasseries, ma Cigale!

Il vient se rasseoir près d'elle et passe sa main autour de ses épaules. Vivi se dégage légèrement. Il resserre la pression de son bras pour l'attirer un peu plus vers lui et cherche sa bouche. Elle s'écarte une nouvelle fois.

– Tu m'écriras? demande-t-elle presque à voix basse.

Il fait à peine clair dans le cabanon. Un mince filet de lumière déploie leurs ombres sur le crépi qui s'effrite sur les murs.

– Et vouais, que je t'écrirai! répond le Petit avec assurance.

– Tu dis vouais, mais je sais bien que tu le feras pas!

– Et pourquoi je le ferais pas?

– Parce que tu fais trop de fautes!

– Eh bé tu me les corrigeras, tiens!

– L'autre jour, tu as mis deux m à je t'aime...

– Je l'ai fait exprès!

– Mon œil!

– C'est parce que je t'aime beaucoup! Ça compte double comme ça!

Vivi fait son beau sourire. Celui qui découvre toutes ses dents quand elle est de bonne humeur. Puis elle se gratte la tête.

– Il faudrait que je te donne quelque chose de moi... Mais pas une mèche de cheveux, tout le monde le fait...

Le garçon se lève une nouvelle fois pour fouiller dans un tiroir du vieux buffet bancal, d'où il extrait un jeu d'osselets.

– Il est fait avec de vrais os, je te préviens... C'est pas de l'artificiel! Je te le donne...

Près de la porte, le scarabée est encore une fois sur sa coquille.

– Et puis je te laisse aussi le vélo...

– Ton vieux clou rouillé?

– Vouais... Si tu le veux pas, tu le mets à la poubelle, faut pas te gêner.

Vivi se lève à son tour et se dirige vers le scarabée, qu'elle remet sur ses pattes. Il disparaît sous la porte du cabanon. Le Petit fouille dans une de ses poches et sort son couteau, qu'il tend cérémonieusement à son amie.

– Ton opinel, tu me le laisses! dit Vivi, qui n'en croit pas ses yeux.

– Chaque fois que tu couperas du pain, tu penseras à moi comme ça... Et n'oublie pas de faire la croix avec la pointe du couteau sur le pain avant de le couper!

– Ça va pas, non? tu sais bien que je suis une vraie païenne!

Le garçon lui prend la main qu'il embrasse d'un baiser furtif.

– Je te taquine, ma Cigale... Alors, et toi, qu'est-ce que tu vas me donner pour pas que je t'oublie?

– Je sais pas... y faut que je réfléchisse.

Le cabanon est maintenant dans la pénombre. Les deux enfants se devinent plus qu'ils ne se voient.

– Tu sais quoi je voudrais de toi?

– Non... dis toujours, murmure l'adolescente.

– C'est ta bouche que je voudrais emmener à la Capitale.

Vivi détourne la tête, fait mine d'être embarrassée. Elle tente d'afficher une expression d'indignation et lance, faussement choquée :

– Gros cochon!

Le Petit fait une grimace pour marquer sa déception. Il tripote nerveusement un bout de ficelle qu'il vient de ramasser sur la table. Il ne sait visiblement plus quoi faire. Elle tousse. Il soupire.

Il se décide enfin à rompre le silence.

– On s'embrasse? demande-t-il à tout hasard...

Vivi ne répond pas. Elle scrute ses ongles avec l'air de ne pas avoir entendu.

Le garçon s'éclaircit la voix, se frotte un genou et poursuit, d'une voix qui masque mal son mécontentement :

– Tu me fais lambiner exprès ou quoi?

– Elle t'a beaucoup manqué? demande Vivi avec un rien de suffisance.

– Qui?

– Pas la reine d'Angleterre, couillon... ma bouche, c'est d'elle que je te parle...

D'une voix un peu tremblante, il répond :

– Et vouais, tu sais bien qu'elle m'a manqué... Tellement que peut-être je ne sais plus le goût qu'elle a, tiens!

L'adolescente fait mine de s'emporter :

– Tant pis pour toi! Fallait venir avant. Fallait sortir des jupes de ta sœur... C'est fermé, maintenant!

Le Petit prend un air boudeur. Il ferme les yeux et s'écarte légèrement. Il ne voit pas que Vivi le regarde très tendrement. Tout doucement, elle finit par chuchoter :

– Allez va, vas-y!

Il hésite à se rapprocher.

– Vas-y! fait-elle en tendant sa bouche.

Les deux enfants s'étreignent. Plus que d'habitude encore, le Petit sent que son cœur bat à tout rompre. Peut-être a-t-il le pressentiment, à ce moment, qu'il dit adieu à cette bouche qui sent si bon, « plus bon que les Hollywood »... Ils ne savent pas encore qu'ils échangent leur dernier baiser.

La mère est restée un long moment sous le portail de la Villa des Mimosas. Quelque chose d'elle s'en est allé. Elle n'a pas de larmes. Et puis il y avait les voisins sur le pas de leurs portes pour regarder le départ du Petit. La famille, à cause du père, s'est donnée si souvent en spectacle... Alors elle a jugé qu'il valait mieux éviter les effusions. Elle l'a serré très fort. Elle aurait voulu lui dire tant de choses.

Il a cherché la Cigale un peu partout jusqu'au dernier moment. Avant de grimper dans la Dauphine, il a pensé : « Ça m'étonne pas d'elle! Elle l'a fait exprès... jusqu'au bout elle aura fait sa tête de mule! »

Il a ravalé ses larmes et puis, juste avant de prendre le virage en haut du chemin vicinal, il l'a vue sous le gros jujubier, au-dessus du mur de chez Barbier.

– Arrête! a crié le Petit à la sœur.

A califourchon sur le vieux vélo rouillé du Petit, Vivi, un pied posé sur la pédale relevée, prête comme pour le départ d'une course, s'est mise aussitôt à l'apostropher :

– Alors Parigot tête de veau... tu fais le fier?

Il n'a pas eu le temps de lui répondre. Il a juste vu qu'elle avait les yeux pleins de larmes. Elle s'est approchée. Elle lui a tendu un petit paquet, elle est montée sur le vieux clou et elle s'est éloignée à toute vitesse. Le Petit s'est retourné.

– Elle va se casser la margoulette cette folle..., a dit l'enfant avant d'éclater en sanglots.

Hélène a aussitôt engagé une vitesse. La petite voiture bleue a mis très vite de la distance entre elle et la Villa des Mimosas. Ce n'est que quelques heures plus tard, à mi-parcours, que le Petit s'est décidé à ouvrir le paquet de son amoureuse. Il a découvert une grosse boîte d'allumettes Gitanes. Il l'a ouverte avec d'infinies précautions et, en pleurant doucement, en silence, il a découvert une belle cigale aux ailes dorées. Sur un bout de papier Vivi a écrit, de son écriture soignée, à la plume sergent-major :

« Mon fada, c'est pour que tu penses à moi... Elle ne pourra pas vivre longtemps dans ta Capitale où il n'y a pas de soleil... Alors, quand elle sera tout estourbie, tu lui fous un coup de vernis incolore pour la garder longtemps... Je t'embrasse comme tu aimes. Ta Cigale... qui va se trouver fort dépourvue... »

17

« Docteur ès sciences... » cela ne lui dit pas grand-chose au Petit. Hélène lui a expliqué, pendant le voyage, que c'est un titre très important en faculté. Et c'est justement de ce titre-là dont s'honore l'homme qui partage sa vie. Ils se sont connus en Algérie. Et Pierre, c'est son prénom, s'est fait nommer professeur à Paris à cause des événements... Sa vie, paraît-il, était menacée en Afrique du Nord.

« Ce sera ton tuteur, a dit la grande sœur. Ça veut dire qu'il est responsable de toi... tu verras, il est très intelligent, très brillant. » A cet instant, l'enfant l'a imaginé les cheveux copieusement enduits de brillantine.

Lunettes à monture dorée, le cheveux ras, la moustache drue, taillée au sécateur, de corpulence assez forte, les jambes plutôt arquées qui détournent le pli du pantalon, le « tuteur » est également ancien champion universitaire de course à pied. Il a tout pour impressionner le petit Méditerranéen qui débarque en région parisienne en cette fin du mois d'août.

La gorge nouée, l'enfant tend la main. D'emblée, sans se forcer, le « docteur ès sciences » lance très amicalement :

– On s'embrasse, Petit...

L'enfant se laisse faire. Il évite de faire remarquer que la moustache de Pierre pique comme un hérisson et qu'il a deux poils blancs qui lui sortent du nez.

L'homme sent le tabac anglais, mélangé à un after-shave mentholé. Le Petit ne peut s'empêcher d'éprouver une sorte de déception. Ce n'était pas tout à fait comme ça qu'il imaginait l'homme qui partage la vie de la grande sœur. Il le trouve trop vieux, trop important.

Mais l'enfant ne lui manifeste *a priori* aucune animosité. Il considère tout simplement que cet homme a de la chance d'avoir une femme si jeune et si belle. Il aurait bien aimé éviter d'être effleuré par cette pensée qui l'emplit immédiatement de gêne, de honte : « Ils dorment ensemble... Il l'embrasse, il la caresse, il la serre dans ses bras... c'est dégoûtant... Ils mélangent leurs langues comme moi avec Vivi... »

Le souvenir le rend triste un instant. Il jette un coup d'œil dans la boîte d'allumettes, où il a glissé un bout de feuille de salade. La cigale n'y a pas touché.

– T'as pas faim ? interroge le garçon, tu veux que je t'attrape des mouches ?

Il referme la boîte qu'il emporte dans sa chambre. C'est l'ancien bureau du tuteur. Il y a là un canapé-lit en cuir lourd avec des dessins qui le font ressembler à une grosse tablette de chocolat Meunier et une grande bibliothèque en teck. Elle est bourrée d'encyclopédies, d'une collection reliée sur les grands travaux de l'humanité... Elle abrite encore toute l'œuvre du romancier Pierre Loti, que l'enfant découvrira plus tard.

Il ouvre la petite porte vitrée qui grince faiblement, s'empare d'un livre au hasard, l'ouvre et lit : « Autour de moi, c'était toujours la même campagne lumineuse gorgée de soleil. L'éclat du ciel était insoutenable. Le soleil avait fait éclater le goudron... »

L'enfant referme le livre. Il retourne la couverture et lit à nouveau : « *L'Étranger.* Albert Camus. »

Par la lecture de ces quelques lignes, il se sent immédiatement envahi par un sentiment inattendu de mélancolie. Il ouvre une nouvelle fois la boîte d'allumettes et interroge la cigale :

– Tu te languis déjà ?

L'austérité de la pièce, amplifiée par une lumière grise qui perce faiblement à travers les rideaux de la fenêtre, accentue la nostalgie de l'enfant.

– On va t'acheter un petit bureau et on va te poser des étagères... tu verras, tu seras bien. Ça sera ton coin à toi..., a dit Hélène.

Elle est enthousiaste, la grande sœur, heureuse d'avoir le Petit à ses côtés. Lui, il ne parvient pas à se débarrasser d'une certaine appréhension. Malgré la tendresse d'Hélène, l'attention et les efforts de séduction du tuteur, il ne se sent pas bien, le Petit. Il a peur. Il a l'impression d'être perdu, sans repère. Le changement est trop brutal. Du jour au lendemain, l'enfant de la campagne et du soleil, aux genoux tout en crasse et éraflures, se lave les mains avant chaque repas. Pour la première fois de sa vie, il se douche tous les jours. Il ne porte que des vêtements propres, sans accrocs, sans taches. Il se regarde dans la glace de la salle de bains et commente ainsi son image : « Ici, je trouve que je fais minot! »

Il est d'autant plus désorienté qu'il n'a pas l'habitude qu'on s'occupe de lui, qu'on décide pour lui. Son rythme de vie a tellement changé. Il ne descend pas seul dans la rue. Il ne sort qu'en compagnie d'Hélène et du tuteur. En quinze jours, il a visité toute la capitale et vu le maximum de musées. Il en est tout étourdi. Au Louvre, les longues explications de Pierre ont fini par l'ennuyer. Il a préféré la promenade sur le bateau-mouche et l'escalade, par les escaliers, de la tour Eiffel. Le tuteur a pris une photo, au deuxième étage. Le Petit pose à côté de la grande sœur. Il a décidé d'envoyer la photo à la mère et y a joint quelques lignes : « Tu ne la montres pas à Vivi, j'ai l'air trop bien élevé... »

Cheveux coupés court, pull gris léger à torsades sur la poitrine, short au pli impeccable, chaussettes blanches, sandalettes en cuir, sorte de nu-pieds qui claquent sur le talon quand on marche vite, il se tient avec gravité près de la grande sœur. Et c'est vrai qu'il fait réservé, « bien comme il faut ». Hélène a les cheveux pris dans un foulard de soie d'une grande maison de couture et porte une capeline d'été bleutée qui lui allonge d'autant plus la silhouette qu'elle est chaussée de talons aiguilles.

« On nous prend régulièrement pour la mère et le fils », dit avec fierté l'enfant qui n'ose pas trop parler – il a remarqué très vite qu'on se retourne sans cesse sur son accent avec un drôle de sourire...

Il devient très préoccupant, cet accent, quand le Petit entre dans ce collège de la région parisienne. Aux réflexions, aux moqueries de ceux de sa classe, il répond avec les mêmes intonations que Vivi :

– Parisien, tête de chien! Parigot, tête de veau!

Aussi, il parle peu. Il se tient à l'écart. Il les trouve « tellement minots! » les autres, en classe. Il redoute d'être convoqué au tableau par un professeur. Quand cela survient, il rougit, bafouille, tente d'aiguiser ses fins de phrases, de « parler pointu ». En vain. Il a bien du mal avec les « o » de chose, de cloche ou les « au » de cause, de faute.

Il ne parvient pas à se faire des amis. Il s'adapte mal au rythme scolaire. Il redoute les jeudis, les samedis et les dimanches où il est souvent seul dans le grand appartement. Il va d'une fenêtre à l'autre, ouvre les placards, regarde longuement la pile de chemises achetées pour lui par la grande sœur. Il essaie plusieurs fois ses deux vestes neuves et n'en finit plus de se détailler devant la glace du salon. Il ne parvient pas non plus à croire qu'elles sont à lui, ces deux paires de chaussures en cuir souple, noir et marron. Il en enfile une de chaque paire et se regarde marcher dans le couloir. Il prend des airs et se joue la comédie. Il dit d'une voix qu'il fait très aiguë :

– Elles sont en quoi vos chaussures ?

– En chevreau, monsieur, c'est du pur chevreau, répond-il d'une voix grave.

– Et votre veste ?

– C'est du tweed... c'est anglais...

Il s'amuse quelques instants ainsi, mais la plupart du temps, les journées sont longues. Il ne connaît pas les enfants de l'immeuble. Ici, on ne descend pas jouer dans la rue. Il lui arrive parfois d'en croiser un dans la cage d'escalier, mais rien ne se dit, rien ne s'échange. « C'est des sauvages, ces Parisiens », pense le Petit. Il songe alors au grand Negroni et sourit tristement...

Il s'ennuie, et se plonge frénétiquement dans la lecture. Un soir Hélène le trouve en larmes dans sa chambre.

– Mais qu'est-ce qu'il se passe ? demande-t-elle, inquiète. Tu n'es pas bien ici ? Tu veux repartir ?

L'enfant fait non de la tête. Dans l'incapacité de prononcer un mot, il tend le livre qu'il tient dans la main. Hélène le regarde sans comprendre. Il finit par articuler, entre deux sanglots :

– Il est mort... Il est mort !

La grande sœur devine alors que c'est la lecture de ce livre qui a provoqué ce grand émoi.

Le Petit vient d'achever de lire *Le Lion* de Joseph Kessel. Bouleversé par l'histoire et la mort de l'animal, il découvre pour la première fois la force et le pouvoir d'un livre. Il ne savait pas, jusqu'à présent, qu'on pouvait éprouver tant de choses, tant d'émotions, de joie, de plaisir, de peine, par la lecture. Désormais, les livres occupent tout son temps. Lire le met véritablement en extase, exacerbe ses sentiments, déploie sa curiosité. Il lit les larmes aux yeux, plein de colère, les mains moites, le cœur en folie, la respiration coupée. Il est tour à tour en révolte, en tumulte, en tendresse. Il lit goulûment, sans répit, tard dans la nuit, souvent jusqu'aux premières lueurs de l'aube.

Il pille la bibliothèque du tuteur, dévore Tolstoï : *Anna Karénine, Guerre et Paix;* Victor Hugo : *Les Misérables, Notre-Dame de Paris.* Il pleure encore à la lecture de *La Mare au diable,* de *François le Champi* et en découvrant Dickens...

Il s'enthousiasme pour Daudet et les *Lettres de mon moulin.* Il redécouvre son pays par Marcel Pagnol. Il avale confusément tout ce qui est à portée de main sur les rayons. Il est subjugué par *La Peste* de Camus et bouleversé par Flaubert, qui alimente conséquemment en lui la confusion des sentiments. Il se réveille, épuisé, après des rêves mouillés qui le culpabilisent et dans lesquels il retrouve, dans des étreintes passionnées Vivi et, parfois? ... la grande sœur, qu'il n'ose plus, alors, regarder dans les yeux. Au début, il écrit beaucoup à la Cigale; des lettres passionnées. Vivi répond qu'elle ne comprend pas tout ce qu'il marque. Dans une de ses lettres elle explique :

« Mon grand couillon, tu sais bien que je t'aime toujours et que pour preuve mes lèvres sont toutes sèches et que je suis obligée de m'y tartiner du rose... Je me languis aussi de toi. J'ai vu la photo chez ta mère... Tu fais drôlement bien élevé, mais triste, peuchère! T'es bien habillé, mais moi je te préfère qu'avec la peau sur les os... J'ai une mauvaise nouvelle à t'annoncer : on va déménager... Je vois aussi que tu fais moins de fautes. Je sais pas si tu parles pointu maintenant mais je trouve que tu écris pointu. C'est pas la peine que tu fasses de si longues phrases, je comprends pas toujours ce que tu me mets. C'est pas la peine de chercher à faire ton intéressant! Je crois que tu dois copier un peu dans les livres. »

Il est vrai que le Petit n'hésite pas à écrire : « Je suis plein de désir et mon imagination exaltée m'emporte hors de toutes limites... »

S'il emprunte aussi librement à Flaubert, sans aucun scrupule, c'est qu'il s'identifie tout à fait et très naturellement au héros de *L'Éducation sentimentale.*

Les premiers résultats scolaires ne sont pas très convaincants. Jusqu'à présent, le tuteur ne s'était guère montré ombrageux. Mais à la lecture du premier carnet de notes, il change d'attitude et de ton. Le « docteur ès sciences » se sent vexé au vu de ces résultats.

Les lunettes à la monture dorée à la main, penché par-dessus l'épaule de l'enfant, il n'en croit pas ses yeux. Il répète, d'une voix blanche :

– C'est lamentable! Il va falloir travailler sérieusement, sinon on va avoir du mal à rester amis!

Il sait que l'enfant passe beaucoup de temps à lire, aussi ajoute-t-il :

– Je ne vais pas te reprocher de bouquiner, mais pas aux dépens du reste...

Puis il lit à haute voix une appréciation d'un professeur : « Tenez-vous à acquérir la légendaire conception méridionale du travail ? »

Il marque un temps, hausse les épaules et ajoute en tapotant plusieurs fois de l'index la remarque inscrite sur le carnet :

– Tu vois, je ne suis pas le seul à penser que tu es paresseux!

Hélène, qui vient d'entrer dans la pièce, tente de minimiser la gravité de la situation.

– C'est pas facile pour lui, il faut qu'il s'adapte.

A son tour, elle relit le commentaire du professeur. Elle ajoute en fronçant les sourcils :

– J'aime pas du tout cette remarque! C'est ce professeur qui est lamentable! Il a l'air de dire que tous les gens du Sud sont fainéants... c'est raciste de dire une chose pareille!

Visiblement, le tuteur ne comprend pas la réaction de sa compagne.

– Raciste! Comme tu y vas!

Pour la première fois, il vient de parler sur un drôle de ton, qui ne laisse pas l'enfant indifférent. Il relève non seulement une marque d'autorité, mais il identifie parfaitement une attitude déplaisante de supériorité, de mépris.

– Les Méridionaux, comme les melons, ils ont souvent un poil dans la main! ajoute le tuteur comme s'il énonçait une évidence.

– Les melons ? s'étonne le Petit, qui ne connaît pas le sens de cette expression.

– C'est comme ça qu'on appelle les Arabes, explique Pierre tout naturellement.

– Il n'y a pas de quoi être fier! réplique Hélène, visiblement irritée.

Elle remet en place nerveusement quelques fleurs dans un vase.

– C'est quand même mieux que les crouilles ou les bougnouls, poursuit Pierre avec un sourire narquois qui indispose l'enfant.

Hélène s'apprête à sortir de la salle à manger; elle se retourne sur le pas de la porte et laisse échapper :

– Tu te gênes peut-être pour les appeler comme ça, avec tes amis de l'O.A.S.!

– Je t'en prie! avertit le tuteur, piqué au vif.

L'enfant est tout d'un coup stupéfait du tour que vient de prendre la discussion. Un bref instant, il a l'impression de se retrouver chez lui, témoin d'une nouvelle dispute entre son père et sa mère. Il s'inquiète, regarde avec un petit air Hélène et Pierre, en donnant l'impression de vouloir dire : « Oh non, pas vous! »

Son trouble n'échappe pas à Hélène, qui revient vers lui et lui passe son bras autour du cou pour le rassurer. Pierre perçoit également le désarroi de l'enfant. Il retrouve aussitôt le ton du pédagogue compréhensif, mais il ne peut se défaire tout à fait de son attitude de professeur quelque peu suffisant.

– Revenons à ce carnet de notes... Oui, ça ne va pas du tout, ça, Petit! Faut que tu bosses le samedi et le dimanche pour te récupérer. Donne-moi ton bouquin d'algèbre!

L'enfant fouille dans son cartable, d'où il extrait le livre. Le tuteur saisit un crayon et coche une vingtaine d'exercices.

– Tout ça? laisse échapper le Petit en soupirant...

– Allez, mon vieux, au boulot! je compte sur toi...

Il vient de parler, cette fois, d'une voix très affectueuse. Le Petit, perplexe, le regarde sortir de la pièce. Il est souvent dérouté par les attitudes de cet homme qui ne manque jamais l'occasion de manifester sa générosité. C'est lui qui lui a acheté son premier vrai cartable, les plus belles trousses, le plus beau jeu de compas, les meilleurs vêtements pour l'hiver. Pour tout cela, le Petit lui témoigne une sincère reconnaissance. Mais il est souvent confronté à des comportements contradictoires du tuteur qu'il ne comprend pas. L'enfant ressent une vraie tendresse pour lui, mais il ne s'explique pas pourquoi un homme aussi instruit manque si souvent de compréhension, de tolérance, de nuance dans ses jugements. L'homme semble excessif en toutes choses.

L'enfant reste collé toute la journée à la grande table de la salle à manger « Regency », recouverte d'un tapis de mousse pour ne pas laisser d'empreintes ou pour éviter d'écorcher le vernis. Les chiffres et les expressions algébriques dansent devant ses yeux une folle sarabande. Il ne parvient pas à dompter ces nombres, ces lettres, ces mises en facteur qui n'en font qu'à leur tête. Il reprend deux fois, dix fois le même exercice. Excédé, il froisse en boule la feuille de papier. Les yeux rouges de fatigue, il repose son crayon et se met à songer à Vivi, au cabanon, aux vendanges auxquelles il n'a pas pu participer cette année.

Il se lève et va dans sa chambre. Il s'empare de la boîte d'allumettes dans laquelle dort pour l'éternité la cigale que lui avait confiée Vivi. L'insecte s'est vite desséché. Alors le Petit a emprunté le vernis à ongles incolore de la grande sœur et il en a copieusement badigeonné la cigale.

Il revient dans la salle à manger, reprend sa place devant sa feuille d'exercices et joue un moment avec l'insecte pétrifié qu'il pousse du doigt. Un instant il ferme les yeux et croit entendre Vivi :

– Dis-le-moi, jobastre, dis-le-moi que tu m'aimes... Mieux que ça, couillon !

Cela fait un bon moment qu'il cherche le sommeil. Il est peut-être plus d'une heure du matin. La nuit est si épaisse, dans cette chambre étroite qui sent la cire, le neuf. « Tout est si étrange la nuit », se dit l'enfant. Il n'ose ni allumer la lampe de chevet, ni se lever. Il s'enfonce de plus en plus dans l'angoisse de ces insomnies qui le tourmentent. Il se sent tellement « minot », dans le noir. Et toujours les mêmes souvenirs, les mêmes pensées qui tournent dans la tête. Comment dire à Hélène qu'il n'est pas heureux ici, qu'il veut retourner dans le Midi, que trop de choses lui manquent ? Comment faire comprendre qu'il étouffe, qu'il n'a plus sa liberté de petit vagabond de campagne ? Comment expliquer qu'ici il n'y a pas d'odeur, qu'il en a marre d'être si propre, si « bien comme il faut » ? Et puis, il en a assez de tous ces samedis et dimanches qui se ressemblent. L'enfant ne sort plus. Il pleut toutes les fins de semaine des exercices d'algèbre qui se terminent régulièrement par des orages. Le tuteur se montre de plus en plus vexant. Malgré les explications et les démonstrations maintes fois répétées, le Petit manifeste une allergie profonde aux mathématiques. Tout se mélange dans sa tête. Quand il se retrouve seul devant la page blanche, les chiffres lui font des pieds de nez...

Ce dimanche soir de la fin du deuxième trimestre scolaire, il n'en peut plus, l'enfant. Il n'en peut plus de fatigue et d'humiliation. Après la dernière réflexion du tuteur : « Tu ne feras jamais rien de bon... », il s'est levé, a fait valser ses livres de la main et a claqué la porte de la salle à manger. Il s'est enfermé dans la cuisine. Une nouvelle fois Hélène est venue à la rescousse. Elle a crié à Pierre :

– Tu exagères, tu n'as pas le droit de lui parler comme ça !

– Tu le couves trop ! Tu vas en faire un abruti avec les antécédents qu'il a !

– Tu vas le rendre malade oui, avec ton algèbre !

– Il est paresseux, je te dis !

Hélène se retourne, fouille machinalement dans un tiroir et lance, en faisant volte-face, pleine d'énergie comme seule une mère peut le faire pour défendre son petit :

– Mon pauvre ami... Tu as beau être diplômé, tu manques vraiment de psychologie ! Cela ne m'étonne pas que tu n'aies pas su t'occuper de tes enfants !

Blême, le nez pincé par la colère, Pierre saisit sa veste sur le dos d'une chaise et sort de la pièce sans dire un mot.

Hélène tambourine un long moment à la porte de la cuisine. L'enfant, assis sur le bord de l'évier, regarde obstinément l'eau qui goutte lentement du robinet.

– Ouvre-moi ! Allez, fais pas ta mauvaise tête...

Il ne bouge pas.

– Ça me rend triste ces histoires..., ajoute-t-elle, la voix cassée par l'émotion.

Le Petit descend de son perchoir et avance vers la porte, qu'il hésite encore à ouvrir.

– Tu sais bien qu'il t'aime comme si tu étais un de ses enfants...

Le Petit réagit aussitôt. Il tourne la clef dans la serrure et crie :

– Ça m'étonnerait ! Il arrête pas de me faire chier ! Et puis pour ce qu'il s'en occupe, des siens...

Hélène ne prête guère attention à la réflexion de son frère. Elle le prend dans ses bras et l'étreint très fort. Ils restent ainsi un long moment enlacés. L'enfant est troublé une nouvelle fois par le parfum de sa sœur. Une image de ses rêves interdits lui revient à l'esprit. Il se dégage légèrement tant son embarras devient encombrant. Hélène garde sa main, qu'elle embrasse à coups de petits baisers furtifs. Elle pleure doucement et finit par lui confier qu'elle ne pensait pas que les choses se dérouleraient ainsi... Elle avoue que « cela ne va pas très bien avec Pierre, depuis quelques mois. Il a failli retourner en Algérie, on se dispute beaucoup. Il n'est pas comme là-bas, s'adapte mal à cette nouvelle vie ». Elle ajoute qu'elle est lasse, que son travail l'absorbe trop... Enfin, elle le serre à nouveau dans ses bras et murmure à son oreille :

– Ne me quitte pas, toi... Jure-moi que tu ne repartiras pas !

Quelques semaines plus tard, dans la même journée, le Petit apprend que les parents sont expulsés de la Villa des Mimosas et qu'ils occupent trois chambres de bonne sous les toits, dans le centre ville. Puis, une lettre de la Cigale l'informe qu'elle vit désormais à une centaine de kilomètres de la Villa des Mimosas : « Dans un village, écrit-elle, où il n'y a que des couillons, à part le fils du maire qui est " trognon " et champion pour attraper les têtards... »

Depuis quelque temps les lettres de Vivi se font rares. « Elle ne dit plus des choses d'amoureuse », remarque l'enfant. Il a envoyé cinq lettres, les unes derrière les autres. Il n'a reçu que deux réponses bien vagues, bien banales. Il a compris que le temps et la distance, peu à peu, les séparaient cruellement et s'est réfugié une nouvelle fois dans les livres. Après la lecture de *Roméo et*

Juliette, il s'est dit que « l'amour c'était toujours triste et tragique ».

Dans une dernière lettre, Vivi explique qu'elle a beaucoup de travail à l'école et qu'elle aide son père, qui a pris la direction d'une grosse boucherie. Le Petit glisse la lettre sous son oreiller et s'allonge sur le lit. Il ferme les yeux pour retenir ses larmes, soupire. Et défilent soudain dans sa tête, sans crier gare, le cinéma en plein air, le Miko glacé... la pique aux roses, la garrigue blanche, les jambes maigres de la Cigale, le goudron qui colle aux sandalettes, la voie ferrée caillouteuse qu'il faut traverser à toute vitesse pour éviter la locomotive... Reviennent les senteurs suaves des feuilles de platane gorgées de pucerons, celles plus fortes du marc de raisin, celle de la chemise du dimanche fraîchement repassée, et encore et toujours, et pour toujours, les baisers de la Cigale... Il rouvre les yeux, s'étonne de ne pas pleurer. Il se dit alors que cela ne servira plus à rien d'écrire à Vivi. Il se penche sur le côté et saisit sur la table de nuit la boîte d'allumettes où dort la cigale. Il la prend entre le pouce et l'index, la regarde longuement, l'embrasse du bout des lèvres et l'avale...

18

Personne n'a su apprécier l'état de fatigue de la grande sœur. Cette toux sèche, excessive, chacun l'a mise sur le compte de la consommation trop importante de cigarettes. Et puis un soir...

Le Petit finit de mettre le couvert dans la salle à manger. Il marmonne : « Les couteaux à gauche... les fourchettes à droite... non zut! c'est l'inverse... » Dans la cuisine, Pierre prépare une salade. Affublé d'un tablier trop étroit qui l'encombre dans ses gestes, il sifflote. Il interroge soudain l'enfant, à distance :

– Petit, ta sœur n'a pas téléphoné?

– Non! pas depuis que je suis rentré.

Pierre allume une cigarette, tire une longue bouffée et la pose sur une soucoupe.

– Elle a dû avoir une urgence au bloc opératoire, murmure-t-il.

L'enfant entre dans la cuisine.

– Alors, tu as eu combien à la rédaction que nous avons préparée?

– Quinze! répond le Petit avec un beau sourire de satisfaction.

– Et tu me dis rien? fait Pierre en lui donnant une bourrade amicale du coude.

Il ajoute, avec un air faussement contrarié :

– Je t'aurais mis 16 ou 17, moi! ça les valait...

Il est vrai que l'enfant en a passé du temps sur ce texte.

– C'est bien, mais il ne faut pas que tu veilles jusqu'à minuit!

Pierre ne sait pas que le Petit est allé bien au-delà de l'heure limite. C'est à quatre heures du matin qu'il a mis un point final à son devoir de français. Et cela lui arrive très souvent de travailler jusqu'aux premières heures du matin, à l'insu de la grande sœur et de son compagnon. Ce n'est donc pas par hasard si les notes sont meilleures en classe et si les relations sont au beau fixe avec le docteur ès sciences. Le Petit se sent plus à l'aise avec lui et c'est vrai qu'il ne le considère pas comme un mauvais bougre. Il l'aime à sa façon, avec pudeur, et l'homme le lui rend bien. C'est souvent qu'il est attendri par l'adulte. Il le trouve souvent si naïf, emprunté, pataud avec les choses de la vie. Le Petit l'appelle parfois « Professeur Tournesol »!

L'enfant saisit une boule de pain sur laquelle il fait le signe de croix avant de la couper. A cet instant il pense à la Cigale. « Et mon opinel? Elle l'a gardé, j'espère... » se dit-il.

Alors qu'il coupe les premières tranches de pain, le téléphone sonne dans l'appartement.

– Réponds, Petit, j'ai les mains pleines de vinaigrette.

L'enfant se dirige vers le salon et revient très vite, d'un pas précipité. Sa voix tremble.

– C'est un docteur de la clinique...

– Qu'est-ce qu'il veut?

– Il a pas voulu me dire... C'est à toi qu'il veut parler!

Pierre s'essuie rapidement à son tablier et se précipite dans le salon. Il décroche le combiné qu'il macule de gras. Le Petit veut s'emparer de l'écouteur. Pierre l'en empêche d'un froncement de sourcils. Son visage est soudain tendu, grave. L'enfant l'entend seulement dire :

– Quand? Comment ça c'est passé? Elle a repris connaissance? Bon... j'arrive!

Le Petit sent la respiration lui manquer. Il craint le pire. Déjà ses yeux sont pleins de larmes. Le tuteur le rassure aussitôt :

– T'inquiète pas, c'est pas grave... Elle a eu un malaise.

– Pourquoi? C'est pas normal...

Pierre enfile sa veste sans avoir pris le temps de retirer son tablier.

– C'est la fatigue, elle travaille trop, tu sais bien... Elle a craqué.

– Elle va rentrer? interroge l'enfant de plus en plus inquiet.

– Ils vont la garder en observation, je pense.

– Ton tablier! dit le Petit, tu vas pas y aller avec le tablier...

Le tuteur se défait de sa veste et ajoute, tout en enlevant le tablier :

– T'angoisse pas. Je reviens vite...

– Je viens avec toi! dit le Petit à la recherche de son blouson.

– Non! ce n'est pas raisonnable... Tu as école demain et ils ne te laisseront pas entrer à la clinique!

Hélène aussi avait justifié son amaigrissement et ses étourdissements par la fatigue. Quand elle a vu qu'elle crachait du sang, elle a compris immédiatement qu'il s'agissait de la tuberculose. La radiographie a révélé très vite, au sommet des poumons, près des lobes, deux cavernes profondes. Devant l'ampleur de la maladie, les médecins l'ont fait immédiatement hospitaliser.

De la voir ainsi sur son lit, si blanche, les cheveux collés par la transpiration, le souffle court, le Petit est pris de panique. Il regarde autour de lui, affolé. Les murs délavés de cette chambre impersonnelle, baignée d'une lumière jaunâtre, rendent la pièce terriblement triste. Ses yeux vont du tuteur à l'infirmière, qui remet en place le flacon de sérum, et de l'infirmière à la fenêtre noire dans laquelle se reflète le point blafard d'un lampadaire, de l'autre côté de la rue. Il n'ose pas parler. Il a peur des questions qui lui brûlent les lèvres. Il craint d'apprendre de terribles nouvelles. Le visage sans couleur de la grande sœur a perdu tout son éclat. Ses yeux si ternes sont entourés de grands cernes mauves, profonds. Elle a un petit sourire en voyant l'enfant et murmure, en reprenant plusieurs fois son souffle :

– T'inquiète pas, je vais être vite sur pieds... T'inquiète pas!

L'enfant veut se précipiter dans ses bras, l'étreindre, lui dire combien il l'aime, comme il a peur pour elle... Elle le repousse faiblement de la main.

– Ne t'approche pas, je suis contagieuse.

Il ne peut pas, il ne veut pas l'entendre ce mot, l'enfant. Il pense : « C'est un mot du Moyen Age. C'est pas possible... C'est pas la peste. » Il se rappelle un bref instant le roman de Camus, s'angoisse davantage. Il se penche. Il ne veut pas tenir compte de la mise en garde. Il veut montrer à la grande sœur qu'il l'aime et qu'il peut défier ainsi la maladie. Pierre le retient fermement par les deux épaules.

– Allons, Petit, écoute ta sœur, dit-il, la voix prise par les larmes.

– Je voudrais... je voudrais que tu restes avec Pierre, reprend Hélène en passant l'extrémité de sa langue sur ses lèvres sèches.

Elle ajoute, en se relevant légèrement sur un coude pour mieux se faire entendre :

– Jure-moi, jure-le-moi que tu resteras...

La gorge nouée, le Petit murmure :

– Je te le jure.

Quinze jours plus tard, Hélène est transférée dans un sanatorium en Haute-Savoie.

Cela fait maintenant plus de trois mois que le tuteur et l'enfant vivent seuls. Pierre assure de son mieux l'éducation du Petit mais avec toutes les maladresses de l'homme qui n'est pas habitué à la prise en charge des tâches quotidiennes d'une maison. Ils tentent de s'organiser... Ils font les courses ensemble, s'occupent à tour de rôle du ménage, mais ils se laissent vite déborder. Le Petit n'a plus tout à fait l'allure d'un enfant « bien comme il faut ». Le linge propre fait défaut. Il oublie souvent la douche. Au début, Pierre est très présent puis, peu à peu, il rentre de plus en plus tard. L'enfant « mitonne » des lots entiers de boîtes de conserve. Cette situation ne lui déplaît pas, il retrouve sa liberté. Souvent Pierre téléphone et dit :

– Ne m'attends pas, je vais rentrer tard...

Il annonce quelquefois qu'il doit partir plusieurs jours pour un séminaire ou une série de conférences en province.

Au milieu de cette première année scolaire en région parisienne, l'adolescent pense que sa vie chez « les parigots » ne s'est pas déroulée comme il l'avait espéré. S'il est satisfait de l'aisance matérielle dont il jouit, il a bien conscience, néanmoins, d'être confronté à des difficultés familiales d'une autre nature. Et c'est cela qui lui donne cet air grave. Il ne joue plus. Le jeu est sorti de sa vie. Il ne s'est pas vu quitter l'enfance. Tout a été si subit. Il a poussé d'un coup. Les pantalons achetés trois mois plus tôt sont déjà trop courts, les boutons d'acné ont surgi un beau matin sans crier gare, et quelque chose s'est effacé en lui. Il a perdu son insouciance. Ces dernières semaines, il s'est senti très replié sur lui-même, enfermé dans cet appartement à l'écart du monde, de la vie...

L'absence du tuteur est une aubaine. Elle l'invite à s'aventurer de plus en plus souvent, et de plus en plus loin, dans le quartier... Le Petit se réjouit de cette indépendance nouvelle. Il ne rentre plus immédiatement après le collège...

A proximité de la piscine, il se lie avec une bande d'adolescents. C'est là, sur les marches du bâtiment, qu'il remarque Adeline. Elle a seize ans. Quelque chose dans son visage lui rappelle la Cigale. Elle est d'origine italienne. C'est peut-être ce qui rapproche les deux adolescents. Adeline est un peu l'égérie de la bande. Elle a un joli visage, avec deux grands yeux noirs. Elle se maquille très légèrement et porte ses cheveux relevés en chignon figé par un voile de laque très collant, si bien que, le jour où le Petit l'embrasse pour la première fois, il a l'impression, quand il passe la main dans ses cheveux, de caresser une grosse meringue glacée qui se craquelle sous la pression. L'événement s'est produit au cimetière, derrière la piscine.

– Je te raccompagne ? demande l'adolescent en catimini pour éviter que les copains l'entendent.

Il s'est lancé, car il a remarqué plusieurs fois qu'Adeline le regardait avec un drôle d'air...

– Si tu veux..., répond l'adolescente avec un joli sourire de complicité.

Elle ajoute :

– Mais j'habite pas sur ta route...

– Ça fait rien, c'est pour parler.

Ils viennent de passer devant le collège de garçons et s'engagent dans une petite rue bordée de pavillons hétéroclites... Des maisons d'ouvriers pas tout à fait achevées jouxtent des pavillons en meulière. Il y a même deux chalets savoyards tout aussi incongrus dans ce quartier que cette résidence en pierre de taille et en faux marbre, affublée d'une tour qui se voudrait médiévale. Chaque maison affiche son identité. « Mon nid » voisine avec « Mon rêve »... et « Notre abri » rivalise avec « Mon petit coin », « Mon refuge ».

Les jardins sont presque tous identiques. En façade les rosiers, alignés au cordeau, protègent les massifs de dahlias, de soucis et d'œillets d'Inde, en rang d'oignon.

A l'approche du cimetière, les jardins donnent l'impression d'être tenus avec beaucoup moins de soin.

– On y va ? On entre ? suggère Adeline avec un petit air de défi.

– Pour quoi faire ? demande le garçon, perplexe.

– Comme ça. Parce que c'est calme... J'y vais souvent me balader.

« Drôle d'idée », pense le Petit en gardant sa réflexion pour lui. Il n'a pas envie de contrarier la copine.

Ils poussent d'un même geste le portail qui grince dans ses gonds... C'est un vieux cimetière. Dans les allées, des mauvaises herbes poussent entre les graviers. C'est la fin de la journée. Le ciel perd lentement ses couleurs et déploie des ombres brunes autour des cyprès aux têtes effilées.

Adeline prend la main du garçon.

– J'aime bien ce cimetière, dit-elle d'une voix douce.

L'adolescent sourcille. Il ne comprend pas bien cette attirance.

– Tu vois, à l'entrée, ils ont mis les anciens, explique-t-elle gravement.

– Quels anciens ?

– Ceux de la guerre de 14 et ceux de 1940... Il y a même des Allemands...

Elle marque un temps, regarde autour d'elle, soupire et ajoute :

– Que c'est calme... on peut s'embrasser tranquilles.

Elle se tourne, la bouche entrouverte. Le garçon ne se fait pas prier. Les deux adolescents s'enlacent. Adeline lui mord presque la bouche et cherche sa langue avec violence. Il est surpris par la brutalité de ce baiser. Il fait face de son mieux. Il cherche à reprendre sa respiration. Adeline éclate de rire et rejette la tête en arrière. Il n'ose pas lui dire qu'il la trouve vraiment étrange.

– Viens! je connais un endroit où on sera plus tranquilles, fait-elle en le prenant brutalement par le bras.

Ils s'enfoncent à l'autre extrémité du cimetière, vers la partie la plus ancienne... Au passage, en grande habituée, Adeline commente le lieu, comme un guide.

– Au début, tu vois, on s'en occupe bien des morts... Après, tu peux courir, on laisse tout pourrir! Regarde-moi ça! si c'est pas malheureux...

Elle montre du doigt plusieurs tombes aux croix rouillées, tordues, renversées. Elles sont couvertes de mousses grises, d'orties, d'herbes folles. D'autres, rongées par le temps, fissurées, s'affaissent dans la terre caillouteuse. Le Petit s'attend à tout moment à voir une main osseuse surgir d'un cercueil pourri.

– Même les morts pour la France, on les oublie! reprend Adeline, indignée.

La lumière baisse davantage. Le garçon a subitement envie de faire demi-tour. L'adolescente poursuit ses explications.

– Là-bas... les tombes en marbre rose, c'est les riches!

– T'es bizarre, toi, laisse échapper le garçon.

Adeline ne prête aucune attention à sa réflexion. Elle reprend son chemin.

– Et puis il y a l'autre, là-bas, un garçon... Il est mort à quinze ans. Je vais le voir souvent, il doit être content que quelqu'un qu'il n'a pas connu s'intéresse à lui... L'autre jour, il n'y avait personne, j'ai embrassé sa photo...

Cette fois, le garçon a véritablement envie de plaquer son amie. Il lance :

– Tu débloques, ma vieille! Allez, on fait demi-tour!

Une fois de plus Adeline fait comme si elle ne l'avait pas entendu. Elle le reprend par la main, enfonce ses ongles dans ses paumes. « Je suis tombé sur une fada », se dit l'adolescent.

Ils passent une clôture et rejoignent, derrière une haie, une tombe isolée, sans fleur, sans inscription visible.

– Ici, personne peut nous voir, dit Adeline avec satisfaction.

Elle l'agrippe par les deux épaules et l'oblige à s'allonger sur la tombe, en plaquant ses lèvres sur les siennes. L'adolescent tente de résister. Il bafouille :

– Pas là-dessus, t'es folle!

Mais la bouche d'Adeline l'emprisonne. Il ne résiste pas bien longtemps à la fougue de l'adolescente, d'autant qu'il y a belle lurette qu'il n'a pas embrassé une fille. Au bout d'un moment, il se fait de plus en plus entreprenant. Adeline finit par tempérer son enthousiasme. Elle se dégage et remet en place son chignon laqué.

– On s'embrasse, mais on va pas plus loin, dit-elle avec autorité.

Elle se baisse et coupe machinalement quelques mauvaises herbes au pied de la tombe.

– Tu viens souvent ici avec des amoureux? demande le garçon.

– Ça dépend, fait Adeline avec une petite moue mystérieuse.
– Ça dépend de quoi ?
– S'ils sont mignons et courageux. Les cimetières, ça leur fout la trouille... T'es pas comme eux, toi ! et puis tu embrasses bien. C'est avec qui, hein, que tu as appris ?
Le garçon ne répond pas. Il fait presque nuit maintenant. Une dernière lueur tire l'ombre de quelques croix sur le mur graniteux du cimetière. La lumière est douce, presque tiède. L'adolescent éprouve un étrange bien-être.
– Tu veux pas le dire ? insiste Adeline.
– Tu la connais pas.
– Et moi, j'embrasse bien ?
– Vouais, ça va...
– Pas plus que ça ?
– Pour être franc, tu fais un peu mal... Tu mords !
– Alors l'autre, c'était mieux ! reprend Adeline avec une pointe de jalousie dans la voix.
Le Petit pense fortement à la Cigale. Ses yeux se font tristes.
– C'était pas pareil, elle sentait le Hollywood...
– Le quoi ?
– Le Hollywood, le chewing-gum.
– Toi, tu l'aimes toujours, ta copine ! Ça se voit, tes yeux sont tout chavirés quand tu parles d'elle... Allez, on s'en va, faut que je rentre...
– On se reverra ? demande le garçon du bout des lèvres.
– Oui, répond Adeline, mais à condition que tu ne penses pas à ta miss Hollywood...

19

Les absences du tuteur se multiplient. Il manifeste de moins en moins d'attention pour le travail scolaire de l'enfant et se contente de dire, sous une forme affirmative plus souvent qu'interrogative :

– Ça va bien, Petit, l'école...

– Ça va ! répond le Petit, qui ne restitue pas tout à fait la réalité de sa situation au collège.

On peut même dire qu'il perd pied. Le français est la seule matière qui le mobilise. Il aime écrire et se passionne toujours autant pour la lecture. Il note, sur des carnets, vers, maximes, réflexions philosophiques. Il ne se défait plus de son mini journal, dans lequel il évoque ses désirs, ses inquiétudes, les jours de pluie, les jours de rien, les moments d'enthousiasme, les rencontres, les errances, les troubles, les temps de nostalgie, d'ennui, de solitude. C'est vrai qu'il se sent seul.

Pierre, de son côté, a bien conscience qu'il n'assure plus sa prise en charge. Alors, pour compenser, il le couvre de cadeaux, l'inscrit dans plusieurs associations sportives. C'est ainsi que le Petit se retrouve doté de plusieurs équipements pour pratiquer le judo, le tennis, la course à pied. Pierre l'invite fréquemment au restaurant et dit presque en s'excusant qu'il est trop absorbé par son travail. L'adolescent ne peut supposer, à ce moment de sa vie, que c'est autre chose qui justifie les départs répétés du tuteur. Il a bien identifié, pourtant, son embarras quand ils sont allés ensemble rendre visite à la grande sœur en Haute-Savoie. Avant d'arriver au sanatorium, Pierre l'a mis en garde : « Ce n'est pas utile d'inquiéter ta sœur... Faut pas lui dire que j'ai trop de boulot et qu'on ne passe pas trop de temps ensemble, tous les deux... »

Les retrouvailles sont joyeuses, particulièrement entre le Petit et Hélène. Elle semble avoir recouvré la santé. Ils sont installés à la terrasse d'un restaurant de la région. La neige est encore abondante. L'air est sec. Des sources roucoulent en dévalant le flanc des montagnes et inondent les chemins caillouteux. Les ajoncs en bordure ont laissé éclater leurs boutons jaunes. Tout est serein, calme. Une lumière très pure donne plus de couleurs aux champs, aux arbres, aux feuilles qui se noient dans une incroyable multiplicité de verts.

– Je suis en train de bien murer mes cavernes..., assure la grande sœur en riant.

Ses yeux s'illuminent comme par le passé.

– D'ici à un mois ou deux je suis de retour, dit-elle en prenant la main de l'adolescent.

– Ah bon ? laisse échapper Pierre sur un drôle de ton.

Hélène éclate de rire. Elle prend son petit frère à témoin :

– On dirait que ça ne lui fait pas plaisir...

– Que tu es bête, se défend Pierre en l'attirant par les épaules.

L'adolescent les regarde avec envie. Hélène se dégage et prend sa tasse de chocolat chaud, qu'elle boit du bout des lèvres, en soufflant dessus. Un léger filet de mousse s'accroche au duvet de sa bouche. Le jeune garçon la trouve très belle, à cet instant, et ne peut s'empêcher de penser que c'est bien une femme comme ça qu'il aimerait tenir dans ses bras.

– Viens, Petit! fait-elle en se levant subitement.

Elle le saisit par le bras et l'entraîne à quelques mètres, en contrebas de la terrasse. Le tuteur se lève à son tour pour les suivre.

– On va lui montrer, à celui-ci, que j'en ai à revendre, de l'énergie.

Elle ramasse une poignée de neige, s'éloigne encore de quelques pas et bombarde Pierre. Le Petit se joint très vite au jeu.

Ces quelques jours se passent en balades, en veillées devant le grand feu de cheminée dans le chalet hôtel où ils se sont retrouvés. Hélène est heureuse au milieu de

« ses deux hommes ». Tour à tour, elle prend la main de l'adolescent puis celle de son compagnon. Le Petit trouve ce dernier un peu trop réservé, pas assez démonstratif. Alors lui, il en rajoute en témoignage d'affection. Il embrasse sans arrêt la grand sœur, la prend par le cou, cherche sans cesse à la faire rire. Il imite quelques-uns de ses professeurs. Puis parle sérieusement et longuement de ses lectures. Il cite ses auteurs préférés. Il lance, au détour d'une conservation sur le sens de l'existence : « Comme dirait Malraux, la vie ne vaut rien, mais rien ne vaut une vie... » La grande sœur donne l'impression d'apprécier son érudition. Il fait le drôle, l'impertinent... A son tour, elle est fière de lui. Pierre est de plus en plus en retrait. A la fin du dernier repas, Hélène lui fait remarquer qu'il a l'air d'être ailleurs. Il s'en défend vivement.

Dans la nuit, l'adolescent devine que le couple se dispute dans la chambre voisine. Il ne parvient pas à entendre leur conversation.

Le lendemain matin, quand ils se séparent, Hélène semble avoir perdu son enthousiasme. Son visage est pâle, à nouveau. En embrassant son frère, elle murmure à son oreille :

– T'es vraiment un jeune homme maintenant... Je te le confie, le professeur Tournesol. Il ne tourne pas bien rond, veille sur lui.

Le Petit est de plus en plus livré à lui-même. Aussi s'autorise-t-il, au collège, de nombreuses absences pour échapper, notamment, aux cours de mathématiques. Expert dans l'art d'imiter la signature du tuteur, il part de longues journées à la découverte de la capitale. C'est le vieux Paris qui l'attire. Il erre dans les Halles, retrouve là, dans le profil et les silhouettes des marchandes de quatre-saisons, aux poitrines chaleureuses, aux visages bouffis par le froid et la gnole, qui donne un petit coup de fouet par grand vent, un peu de la faconde méridionale, amplifiée par les senteurs ensoleillées de poivrons, de tomates, d'ail, de melons... Il aime ce Paris qui crie, gesticule, s'interpelle. Il aime toute cette exubérance populaire. Elle lui fait chaud au cœur. L'adolescent est impressionné par les forts des Halles aux tabliers ensanglantés qui charrient sur leurs immenses épaules d'énormes quartiers de viande.

Rue Montorgueil, rue Montmartre, rue de la Grande-Truanderie, il erre sans oser entrer dans les bistrots aux comptoirs d'étain ou de cuivre étincelant qui sentent le tabac, l'oignon frit et la bière.

Il passe plusieurs fois devant les portes cochères où se tiennent à trois ces péripatéticiennes dont la bande parle tant, sur les marches de la piscine, en se vantant d'être « monté » et d'avoir connu le « septième ciel ».

– Quand t'as fait ça, mon pote, quand t'es monté avec une pute, t'es vraiment un homme..., affirment péremptoirement les copains.

Son cœur cogne de plus en plus fort dans sa poitrine. Il a l'impression de ne plus pouvoir saliver. La deuxième fois, il passe de l'autre côté du trottoir pour mieux voir sans être vu. Il s'éloigne, traverse et prend le trottoir à contresens, à quelques mètres de la porte cochère.

L'adolescent se dit qu'il n'osera jamais s'arrêter à la hauteur de la prostituée. Il se traite de « dégonflé... », accélère, baisse la tête, la relève, entend, malgré les bruits de la rue, le crissement de l'imperméable de la jeune femme qui fait quelques pas. Il détourne la tête, s'imagine le visage cramoisi. Il a le souffle court. Cette fois, il ne peut plus l'éviter. Elle a tout deviné, tout compris de son embarras, de ses hésitations. Elle lui barre le passage avec un petit sourire ironique. Il est déjà tout imprégné de son parfum piquant. Elle pose sa main sur son bras et dit d'une voix étrangement douce :

– Tu vas finir par user tes chaussures et tes yeux... Viens, ne sois pas effrayé...

L'adolescent ne répond pas. Elle le tire par la manche de son blouson. Il se laisse faire et s'aperçoit à peine qu'il vient de franchir la petite porte vitrée qui conduit aux étages de l'hôtel. Il la suit en silence, se rappelant ce que les copains avaient dit : « Tu verras, c'est le meilleur moment dans l'escalier... »

Pour l'instant, il n'éprouve pas grand-chose, en montant, les yeux rivés aux marches. Sur l'une d'elles, il déchiffre sur un petit écriteau en émail : « On est prié d'essuyer ses pieds. »

L'adolescent a soudain envie de prendre la fuite. Il se sent misérable dans ce lieu. Mais, comme si elle avait le pouvoir de lire dans ses pensées, la jeune femme à l'imperméable noir lui prend fermement la main et dit :

– T'en fais pas, va! Ça va être bien...

Dans un long couloir étroit, elle pousse une autre porte vitrée, recouverte d'un rideau bleuté, et invite l'adolescent à entrer dans la chambre. Elle demande à nouveau de sa voix douce :

– Tu as quel âge ?

– Seize ans, ment l'adolescent.

– Tu fais plus, répond la prostituée, comme pour mieux le mettre en confiance.

Il jette un coup d'œil autour de la pièce. Un paravent de la même couleur que le rideau de la porte, auréolé de projections d'eau savonneuse, dissimule un lavabo blanc, ébréché sur le côté. Un filet d'eau coule sans discontinuer du robinet. Un lit, recouvert d'un seul drap blanc, occupe le centre de la chambre.

– Tu sais, ici, on change les draps après chaque client, se croit obligée d'expliquer la jeune femme tout en se déshabillant.

Elle fait glisser son imperméable. L'adolescent constate qu'elle est presque entièrement nue. Elle ne porte que des bas et des jarretelles. Il est d'abord subjugué, puis, gêné, il baisse la tête.

– Baisse pas les yeux, nigaud ! dit-elle affectueusement.

Une petite lampe posée sur une chaise et recouverte d'un voile rose renvoie une lumière douce dans la pièce. Le garçon sent son sexe se durcir et se dit qu'il n'osera jamais se déshabiller.

– D'abord, tu me fais mon petit cadeau ! reprend la jeune femme.

Subitement l'adolescent se trouve les jambes étrangement molles. Ses mains tremblent. Il fouille dans sa poche et finit par sortir deux billets. Il ne sait combien il doit payer. La prostituée dissipe vite son hésitation en saisissant son argent.

– Avec ça, je te fais tout ! Détends-toi, tu es tout rouge ! C'est pas grave, tu sais, tu vas pas regretter... Allez, viens !

Quelques instants plus tard, il se retrouve devant le lavabo, horrifié et confus de voir son sexe en érection.

– Approche-toi que je le lave, ton oiseau ! dit la jeune femme avec un sourire apaisant.

Quand elle emprisonne son membre dans ses mains savonneuses, il croit qu'il va défaillir.

– Fais attention, fait-elle... Tu me dis, si tu sens que ça vient trop tôt. L'autre jour, j'ai eu un garçon de ton âge qui a tout donné à peine que je commençais à le laver...

L'adolescent pose sa main sur l'épaule de la jeune femme puis s'aventure d'un coup à la glisser sur un de ses seins, plein, rond, doux et ferme. Il le pétrit avec un peu de rudesse. La jeune femme tempère aussitôt son ardeur.

– Doucement, je te dis! Ne sois pas trop fougueux, sinon tu vas regretter ton argent...

Elle l'entraîne vers le lit. Il ne tient pas compte de sa mise en garde. Ses mains courent follement sur le corps de la femme. Il sent le feu partout en lui. Ses muscles sont tendus. Sa peau palpite. Il a l'impression d'être sur un bateau qui dérive.

Il se laisse engloutir par ce corps qui roule sous lui, sur lui. Au plafond, la lampe, au bout d'un fil torsadé, tourne sans cesse. Il est ébloui de plaisir. Les mains accrochées au matelas, il déploie avec fougue toute sa jeune virilité.

– C'est moi qui fais, laisse-toi guider, commande la jeune femme.

Elle lui mordille la pointe des seins, lèche sa bouche, murmure :

– T'as de la chance, tu sais... nous, on n'embrasse jamais les clients, d'habitude.

Il pensait qu'il aurait eu honte de se retrouver là, dans ce lieu, avec cette prostituée, mais son plaisir a été si fort, si vrai, si émouvant, si généreux, qu'il n'éprouve aucun sentiment de culpabilité. Au contraire, il ne peut s'empêcher de ressentir une sorte de fierté. Il est ému d'avoir tenu dans ses bras une femme, pour lui, une vraie femme. Il n'a pas voulu voir en elle une prostituée. Elle a été si douce, si tendre, tellement pleine d'égards, qu'il en a les larmes aux yeux sur le chemin du retour.

20

Trois autres longs mois se sont déroulés. Hélène est de retour à la veille des grandes vacances. L'euphorie des retrouvailles est de courte durée. Très rapidement l'adolescent identifie de plus en plus clairement ce qui fait si régulièrement l'objet des disputes entre Hélène et Pierre. Ce dernier a mal supporté la solitude; une autre femme est entrée dans sa vie...

Au début, le couple tente de le tenir à l'écart de leur conflit. Mais bientôt la douleur, la passion, les reproches ne peuvent plus se murmurer dans la nuit. Ils éclatent en plein jour, à tous moments. La grande sœur ne peut dissimuler davantage son désarroi. Elle finit par dire à son frère :

– Je suis tellement déçue, Petit... J'espérais tant te préserver, t'offrir une nouvelle vie.

Elle est là, dans la chambre, le visage enfoui dans ses mains, assise sur le bord du lit, tellement désespérée, tellement blessée. Le silence s'est posé dans la pièce. Il retient le temps. Il l'alourdit. C'est un silence qui s'enfonce dans l'épaisseur des murs, des meubles, et qui se glisse au plus profond d'eux-mêmes. Ils ne bougent pas. Ils sont comme engourdis. Le Petit entend le léger sifflement de la respiration de sa sœur. Il cherche en lui les mots qui feraient du bien.

– Qu'il parte s'il veut... On se débrouillera bien tous les deux! dit-il soudain, sans oser la regarder.

Ses yeux se portent sur la vitrine de la bibliothèque, comme s'il espérait trouver dans un de ces livres un secours, un soutien, une réponse, quelques-uns de ces mots qui font défaut. Il prend la main d'Hélène et la caresse doucement. Elle esquisse un pauvre sourire, qui le bouleverse. On sent qu'elle voudrait le sécuriser une nouvelle fois. Elle se relève, se tapote le visage des deux mains pour se redonner des couleurs, tousse et, comme à la recherche d'une énergie nouvelle, dit avec une vive inflexion de voix :

– C'est toi qui as raison ! Qu'il parte s'il veut partir... Tu restes avec moi... A ton retour, après les vacances, on s'organisera...

Elle se plante devant lui, tend les deux bras et commande :

– Embrasse-moi.

L'adolescent étreint la jeune femme. Maintenant leurs visages sont à la même hauteur. Il se laisse emporter par son parfum. Soudain, s'immisce insidieusement en lui le souvenir du corps de la première femme qu'il a tenue dans ses bras. Il ferme les yeux. Ces quelques secondes dans les bras de sa sœur semblent durer une éternité. Il se dégage lentement au moment où il sent son sexe durcir. Rouge de confusion, il maudit un bref instant la vitalité imprévisible de son adolescence. « A-t-elle perçu cet émoi ? » se demande-t-il, inquiet. Hélène vient de détourner la tête, peut-être pour éviter de rencontrer à son tour le regard de son frère. Évasive, elle poursuit :

– Tu es aussi grand que moi maintenant...

Elle marque un temps et ajoute, d'une voix un peu fatiguée :

– Quand tu seras chez maman, il faudra lui cacher que tout va mal, ici. Je crains, sinon, qu'elle ne te laisse pas revenir... Elle pensera que tu es une charge trop lourde pour moi toute seule.

Elle fait quelques pas dans la pièce, remet en place un napperon sur un guéridon et continue avec conviction cette fois :

– Oui, on va s'en sortir ! On sera heureux tous les deux.

Cet enthousiasme, ce sursaut d'espérance seront de courte durée. Quelques jours plus tard, une nouvelle dispute s'achève par le départ de Pierre. Hélène s'enferme dans sa chambre. Le Petit frappe plusieurs fois à la porte. Entre deux sanglots, elle finit par murmurer :

– Laisse-moi, Petit... Il faut que je reste seule. J'ai besoin de silence, j'ai besoin de réfléchir.

Désemparé, il retient son souffle derrière la porte. Il ne parvient pas à dire qu'il voudrait l'aider, la serrer dans ses bras, la consoler, l'aimer comme personne ne l'a jamais aimée. Il frappe une dernière fois.

Un peu plus tard, il se couche en cherchant désespérément le sommeil. Il ne peut admettre que le malheur se reproduise avec tant d'archarnement. Il se jure de l'aider, de la soutenir, sa grande sœur. Il se dit que lui, il saura lui donner le goût de vivre et d'aimer...

Le lendemain matin, il arrive très en retard au collège. Soudain, au milieu de la matinée, il est pris de vertiges. Il se rappelle alors qu'il n'a pas mangé la veille et qu'il n'a pas eu le temps de prendre son petit déjeuner. Il est très pâle. De grosses gouttes de transpiration coulent sur ses tempes et dans sa nuque. Il tente de se lever. Le professeur de mathématiques, une matrone aux circonférences qui font rêver toute la classe, croise son regard. Elle comprend immédiatement qu'il est sur le point de perdre connaissance. Elle se précipite. Les yeux du Petit se brouillent. Tout est flou autour de lui, lointain, confus. La voix du professeur détonne. Les murs, les tables se défont de leurs couleurs.

Il se réveille un peu plus tard sur le canapé de la loge du concierge du collège.

– Quelle peur tu nous as faite! explique le professeur, penchée sur lui. Il est immédiatement saisi d'effroi par l'opulence de sa poitrine. Personne, dans la classe, ne peut se vanter d'avoir bénéficié d'un pareil point de vue. Elle le questionne longuement, d'une voix très douce, très maternelle. La gorge nouée, l'adolescent finit par expliquer, par tout raconter : sa vie à la Villa des Mimosas, les coups, son père, l'alcool, son arrivée à Paris, son amour pour la grande sœur, la maladie qui surgit, les disputes avec le tuteur...

Le bol de chocolat chaud et les deux grosses tartines de confiture à la fraise le remettent vite sur pied. Le professeur, très attentive, très attendrie, se propose de l'aider, de l'accueillir chez elle aussi souvent qu'il le souhaitera. Elle veut le raccompagner. Il dit qu'il se sent tout à fait bien maintenant et qu'il a juste besoin de dormir. Il éprouve soudain un immense sentiment de tendresse et de reconnaissance pour cette femme qu'il ne pouvait imaginer que préoccupée de résultats scolaires. Il se promet de ne plus s'associer aux quolibets indélicats formulés par l'ensemble des élèves au sujet de ses rondeurs et de sa poitrine.

Quand il rentre à l'heure du déjeuner, une nouvelle appréhension s'empare de lui. Bien qu'il n'ait pas retrouvé toutes ses forces, il monte les marches deux à deux. En tremblant, il engage la clé dans la serrure.

L'appartement est silencieux. Une forte odeur de café brûlé a envahi toutes les pièces. L'adolescent entre dans la cuisine et constate que la plaque électrique de la cuisinière est presque incandescente. Le café s'est caramélisé au fond de la casserole. Deux bols, des miettes, des morceaux de sucre jonchent la table. Les volets sont clos. La lumière sans force qui s'étale sur les murs porte encore les traces de la nuit. Le Petit va d'une pièce à l'autre et ouvre les volets dans un claquement sec. Une lueur blanche éclate sur les parquets inondés soudain de poussière scintillante. Il pense d'abord que la grande sœur est partie, elle aussi, précipitamment. Il aperçoit alors son sac dans l'entrée. Il court vers sa chambre. La porte est fermée à clef. Il tambourine, appelle, colle son œil à la serrure. Le lit est vide. Le Petit se dit que la porte a dû se fermer de l'intérieur à la suite d'un coup de vent. Il se sent moite, avec des picotements dans les mains. Il regarde à nouveau à travers la serrure, en se déplaçant légèrement sur le côté gauche, et voit alors juste le bras de sa sœur étendu sur la moquette bleutée. Sur sa main ouverte il y a un peu de sang. L'adolescent se relève, prend son élan et tente d'enfoncer la porte d'un coup d'épaule, mais il n'a pas assez de force.

Méthodiquement, sans précipitation, avec une étonnante maîtrise, il fait alors face à la situation. Dans le placard des toilettes, il s'empare d'un tournevis et d'un marteau, et en quelques secondes, libère la serrure.

Dans la pénombre de la chambre grise à l'air confiné, la grande sœur gît au pied du lit en poussant de petits gémissements. Elle n'est vêtue que d'une combinaison légère en satin blanc. Il y a de l'écume sur sa bouche crispée. Un tube de médicament a roulé sur le côté. Hélène s'est légèrement entaillé les veines du poignet et le sang s'est à peine écoulé.

L'adolescent tire les rideaux de la fenêtre et revient aussitôt au chevet de la jeune femme. Il la gifle par deux fois. Hélène réagit en ouvrant les lèvres sans pouvoir véritablement articuler. Il lui soulève la tête, s'empare d'un oreiller et le lui glisse en boule sous la nuque. Il saisit le téléphone, compose le numéro des pompiers, revient à son côté et lui baigne le visage avec un gant de toilette. Hélène respire maintenant plus régulièrement. Un bref instant, elle entrouvre les yeux et bouge la tête à sa recherche. Elle referme les yeux.

– Ne dors pas! ne dors pas! dit-il en la saisissant par les épaules et en la secouant violemment.

Ses cheveux en boucles dorées s'éparpillent sur l'oreiller de satin noir, accentuant la pâleur de son visage. L'adolescent essuie une nouvelle fois la bouche de la grande sœur et murmure :

– Pourquoi ? Pourquoi tu as fait ça ? T'as pas le droit, t'as pas le droit de me laisser!

Hélène a reconnu sa voix. Une larme glisse sur sa joue. Le Petit ne peut admettre qu'elle ait voulu vraiment mettre un terme à sa vie.

Cette fois, Hélène tente de se relever sur un coude. Il l'aide. Elle pose sa tête sur sa poitrine et murmure :

– Je n'ai pas voulu...

Il l'embrasse. Il sait maintenant que sa vie n'est plus en danger. Elle le regarde tendrement, lui serre très fort la main et referme les yeux. Maintenant, la grande sœur respire calmement en faisant non de la tête plusieurs fois, comme si elle tentait de résister au sommeil.

Un moment plus tard, le jeune garçon s'en veut du regard qu'il porte sur ce corps à demi nu qu'il recouvre d'une couverture pour le réchauffer, le cacher à ses yeux et aux yeux des hommes qui vont arriver d'une minute à l'autre. Il se baisse, glisse sa main sous les reins et la nuque de la jeune femme et la soulève sans trop de difficulté pour la déposer sur le lit. La couverture glisse quand il la dépose sur les draps et révèle un sein et ses cuisses nues jusqu'au pubis. Il ramasse aussitôt la couverture mais reste un instant fasciné par la beauté de ce corps offert. Il se sent soudain plein d'un désir déconcertant. Il refuse de toutes ses forces l'idée folle qui lui vient : s'allonger près d'elle, contre elle. Il murmure plusieurs fois, inondé de transpiration et tremblant :

– Il ne faut pas, il ne faut pas...

Il glisse sur le bord du lit et se retrouve à genoux. Il pose sa tête à plat sur le ventre nu de la grande sœur. Il tend le bras et passe son index sur le contour pulpeux de la bouche humide de la jeune femme. L'ourlet de sa lèvre supérieure est magnifiquement dessiné, plein, sensuel, et provoque en lui un tumulte d'émotions. Ses oreilles bourdonnent. Ses yeux se mouillent. Étourdi par son parfum capiteux, il pleure doucement. Il pleure parce qu'il a eu peur de la perdre. Il pleure parce qu'il la désire de tout son être et qu'il lui faut admettre que le corps magnifique de cette femme est celui de sa sœur.

Il se relève et scrute toute cette nudité enivrante. Il fait quelques pas jusqu'à la fenêtre, revient près du lit, se baisse une nouvelle fois et pose un long baiser sur le mamelon brun d'Hélène. Au même moment tintent deux coups de sonnette stridents.

L'intervention des pompiers a permis à Hélène de retrouver tout à fait ses esprits. Quarante-huit heures de soins et d'observation à l'hôpital l'ont remise rapidement sur pied. Quelques jours plus tard, elle jure à son frère :

– Je ne voulais pas mourir, je voulais juste dormir, oublier un peu... Tu m'en veux, n'est-ce pas, Petit ?

Le garçon fait non de la tête. Il dit seulement à voix basse :

– J'ai eu peur ! tellement peur... Promets-moi, que tu ne referas plus jamais ça...

– Je te le jure !

C'est le soir. Il fait doux. La lumière de la rue éclaire l'appartement, déversant une paisible lueur sépia sur les murs et les meubles. Ils sont face à face devant la fenêtre grande ouverte de la chambre. Les bruits de la ville couvrent presque leurs voix, aussi l'adolescent n'est-il pas sûr d'avoir compris quand Hélène le serre dans ses bras en murmurant :

– Tu sais, Petit, j'étais à demi inconsciente, mais je t'ai senti près de moi, contre moi...

21

Les volets sont clos. L'herbe est jaune dans le jardin du père Rode, des pissenlits ont poussé entre les pavés disjoints sous le portail de la Villa des Mimosas. Des ronces sont accrochées au grillage qui sépare la cour des cabinets. La porte, défaite de ses gonds, est restée grande ouverte. Des épingles à linge sont rouillées sur le fil détendu du séchoir. Les boîtes aux lettres sont gorgées de réclames toutes décolorées. Sous les gouttières les nids d'hirondelle ont séché.

La Villa des Mimosas est déserte. En moins d'un an tous les locataires ont été expulsés par la société gérante qui a choisi de la transformer pour des habitants plus fortunés.

L'adolescent erre au pied de la façade de la grande bâtisse. Il s'expose, les bras en croix, dos au mur, à la brûlure blanche du soleil. Il s'attend à tout moment à voir surgir son père qui lui lancerait un cinglant :

– T'es pas fada ! C'est une insolation que tu veux attraper ?

Il inspire fortement à la recherche des parfums perdus. Peu à peu, nez au vent, il retrouve les senteurs emmêlées des lilas et des jujubiers.

La porte du cabanon où il se retrouvait avec Vivi est cadenassée. Il se penche, colle son œil au trou de la serrure. Tout est noir à l'intérieur. Il ressent seulement une bouffée d'air frais et de terre battue humide. C'est son nez qu'il tend maintenant vers la serrure. Il aspire par saccades comme un petit chien à la recherche de traces effacées. Il croit reconnaître l'odeur du vieux canapé et celle de la toile cirée de la table bancale sur laquelle ils dégustaient, avec la Cigale, la poudre jaune de coco qui leur donnait une soif qu'ils ne parvenaient à étancher qu'après avoir absorbé des litres d'eau glacée teintée de quelques gouttes de café noir dérobé. Là encore, il lui semble entendre la Cigale : « Il n'y a rien de mieux, quand tu te chopes la pépie... »

Il retourne dans le long couloir envahi de feuilles de platanes brunes, sèches. Elles s'éparpillent au gré des courants d'air.

Il grimpe les marches qui semblent avoir gardé encore une odeur d'eau de Javel, s'arrête sur le palier, qu'il trouve aujourd'hui plus étroit, et pose sa main sur la poignée. Il colle l'oreille contre la porte, retient un instant sa respiration pour mieux percevoir quelques bruits. A force de concentration, il finit par entendre les gouttes qui s'échappent du robinet de la cuisine.

Sa gorge est nouée. Il cherche encore quelques traces sur les murs. Des inscriptions, des dessins réalisés à coups de lame d'opinel... Tout a été nettoyé, effacé.

C'est presque en courant, un peu plus tard, qu'il passe sous le portail de la Villa des Mimosas. Plus loin, sur le chemin vicinal numéro 108, il ralentit, s'arrête et prend le temps de cueillir, sur une des branches du jujubier qui déborde par-dessus le mur, une poignée de jujubes qu'il enfouit dans une de ses poches. Le Petit s'éloigne à grandes enjambées.

Aujourd'hui, le père est un vieillard au visage creusé, irrigué de vaisseaux sanguins qui ont éclaté en myriades de fils violacés, reliés entre eux avec l'étonnante régularité de la toile d'araignée. Ses yeux sont sans couleur, ses cheveux clairsemés d'un pauvre gris. Ses mains osseuses sont crispées comme les serres d'un vieux rapace.

Il se déplace de l'évier à la table et de la table à la fenêtre, devant laquelle il reste des heures, dans ce petit appartement constitué de chambres de bonne. Il hésite, cherche à assurer son pas dans des pantoufles trop lourdes, trop grandes...

C'est ainsi que le Petit découvre son père à son retour dans la famille, pour les vacances. L'alcool a fini par anéantir cet homme d'une soixantaine d'années. Il tente parfois de se confronter à quelques grilles de mots croisés, mais « la tête ne suit plus... », comme dit la mère.

C'est elle, à présent, qui assure la survie de la famille. Elle traverse la ville quatre fois par jour pour faire « ses ménages... » chez des familles bourgeoises.

La mère est pleine de courage. Servir chez les autres ne l'affecte pas. Elle trouve même dans cet emploi une source de valorisation. Elle noue ce qu'elle considère comme une relation privilégiée avec l'une de ses patronnes. Elle raconte sa vie à tous moments. La bonne dame compatit.

– Je vous amènerai le Petit, vous verrez comme il a grandi depuis qu'il est à Paris... Il fait ses études, il marche bien! Ça sera quelqu'un, lui!

L'adolescent ne peut échapper à la visite de politesse. La patronne se croit obligée de préparer un très copieux goûter constitué de chocolat chaud, de brioches grillées, de cake, de flan, de tartines de confiture et de miel. Elle le harcèle véritablement :

– Allons, mangez! C'est toujours ça de pris...

En permanence, elle s'exclame à tout propos :

– Qu'il est beau, votre Petit!

La mère répond par un grand sourire qui indique toute sa fierté et va d'une pièce à l'autre, le chiffon enduit de cire et le plumeau à la main.

Le Petit a honte de la voir ainsi au service de la dame patronnesse pleine de bonnes intentions, qui s'achète un bout de paradis en faisant goûter le petit pauvre dans la cuisine. « C'est toujours dans la cuisine, se dit l'adolescent, qu'on reçoit les domestiques et leurs enfants... » Il se retient pour ne pas se lever et claquer la porte. Elle en rajoute sans cesse pourtant, madame la générosité, en compliments dégoulinants :

– Vous avez de la chance d'avoir une maman si courageuse. Elle s'en donne du mal, vous savez. C'est une vraie perle, faudra pas la décevoir!

Elle a des petits gestes saccadés, imprécis, déplace sans raison le sucrier, le pot de chocolat Banania. Elle tartine précipitamment une nouvelle tranche de pain et ajoute :

– Elle compte beaucoup sur vous. Si vous pouviez devenir médecin ou pharmacien, – oui, pharmacien! Cela serait mieux puisque votre père n'a pas réussi à le devenir...

Elle marque un temps, sert à nouveau une tasse de lait à l'adolescent et poursuit, pleine de compassion :

– Elle a tellement de mérite, cette pauvre femme...

La pitié de la bonne dame irrite de plus en plus l'adolescent. D'autant qu'il fait tout pour tenter d'oublier la pauvreté dont il est issu. Sa nouvelle vie à Paris lui a donné d'autres habitudes, d'autres espérances. Le simple fait de manger tous les jours à sa faim, d'être habillé très correctement, a effacé en quelques mois, du moins le croyait-il, tous ses souvenirs de misère, tous les sentiments d'humiliation qui l'ont si souvent assailli.

Quand il revient chez lui, la raquette de tennis qui dépasse de son sac de voyage est là pour témoigner de sa nouvelle appartenance, de son entrée dans un nouveau monde. Quand il découvre l'appartement de ses parents, quand il voit son père prostré, comme s'il expiait toutes ses fautes en silence dans l'attente d'un pardon qu'il ne trouve pas... quand il le voit si misérablement collé à la petite fenêtre dont les montants, et tout l'encadrement, pourrissent sous l'effet de l'humidité, regardant obstinément par-dessus les toits huileux de saleté, il a soudain honte du sac luxueux qu'il tient encore à la main et il voudrait jeter très loin de lui cette raquette de tennis symbolique, grotesque, indécente...

Quand il voit sa mère, femme de ménage si humblement aux ordres, petite fourmi qui court en tous sens sans se défaire d'un sourire sans éclat, plein de soumission... alors toute la misère, la colère, reviennent en lui. Il prend peur et il se dit qu'il ne peut échapper à ce destin, que sa vie à Paris n'a été qu'un intermède heureux, d'autant que la situation de la grande sœur avec son compagnon n'a cessé de se détériorer. Il écrit sur un de ses carnets : « On ne se défait pas de la pauvreté. Elle s'enracine au plus profond de l'individu. Elle te harcèle. S'accroche. Ne te lâche plus. Suppure sans cesse comme une plaie. Elle ne te laisse pas de répit. Mante religieuse, elle te dévore goulûment, tisse son voile autour de toi comme l'araignée habile, tentaculaire... »

Et puis il reprend confiance à l'occasion d'une rencontre avec une bande de jeunes gens au bord de la mer...

Il pose sa serviette sur le sable. Il est seul. Cette année, au cours de laquelle il a pratiqué de nombreuses activités sportives, a affirmé ses muscles. Il a pris très vite le soleil. Son visage est ambré, tout son corps est bronzé. Il ne craint plus de se montrer en maillot de bain. Il est assis au bord de l'eau, juste à la limite du trait d'humidité que laissent les vagues, qui se succèdent pour être aussitôt absorbées par le sable. Des mouettes viennent en lisière de l'écume et laissent l'empreinte triangulaire de leurs petites pattes. C'est à ce moment-là que le ballon le frappe dans le dos.

– Excusez-nous... On ne vous a pas fait mal ?

La voix est légère, joyeuse, jolie, très musicale.

– Ça va, ce n'est rien...

Il se retourne. Il ne voit pas d'abord le visage de cette grande jeune fille en contrejour. Elle se déplace. Il aperçoit son beau sourire. Elle répète :

– Excusez-nous...

Elle s'éloigne, très aérienne, sur la pointe des pieds, pour rejoindre ses amis. Elle fait quelques pas et se retourne.

– Viens jouer avec nous au volley, si tu veux...

Il hésite, se relève sur un coude. Elle tend la main. Elle a les cheveux coupés très courts, à la garçonne. Elle porte un bikini jaune qui met en valeur la couleur cuivrée de sa peau et ses formes. Elle doit avoir entre dix-huit et vingt ans. Et c'est, apparemment, la moyenne d'âge du groupe qu'il rejoint. Aussi, un peu plus tard, pour atténuer le décalage, il affirmera sans sourciller avoir dix-sept ans.

Sylvie, c'est le nom de la jeune fille au bikini, convie la bande dans sa maison qui donne sur la plage.

– Tu viens, bien sûr ! dit-elle d'autorité en enfilant une robe légère, presque transparente.

Il sourit, conquis.

Un peu plus tard, au bord de la piscine de la maison, Sylvie se raconte :

– Mes parents sont pharmaciens. Ils sont souvent absents.

– C'est drôle, fait l'adolescent, mon père aussi était pharmacien... Mais il a arrêté, il est malade.

– C'est grave ? demande Sylvie.

– Assez, répond l'adolescent évasivement.

Il s'en veut de ce mensonge. Comment avouer que la maladie du père, c'est l'alcoolisme et qu'il n'a jamais été que préparateur en pharmacie ?

Il se mêle vite à la conversation des deux autres garçons, en compagnie d'une autre fille qui éclate de rire à tout propos. C'est Alain, la vingtaine installée, qui provoque son hilarité.

– Je ne supporte pas cette plage sur la rive gauche, dit-il d'un ton très affecté où transparaît également un peu de mépris.

Il ajoute :

– Mon territoire, c'est la rive droite... J'y suis chez moi !

– C'est quoi la différence ? demande innocemment l'adolescent.

– Tu sais bien, enfin ! poursuit Alain. Trop populaire la rive gauche. Ça sent le congé payé... Le sable pue...

Il marque un temps, juge de son effet. Sylvie soupire et lance, très vindicative :

– Mon pauvre Alain, il faut toujours que tu te croies supérieur aux autres !

Une lueur de colère traverse ses yeux. Elle a un regard en direction de son nouvel ami, se tourne à nouveau vers Alain et lance :

– Tu es snob ! T'es qu'un petit-bourgeois de la pire espèce.

– Nous sommes tous ici des bourgeois, dit Alain avec suffisance. Il suffit de nous regarder vivre...

L'adolescent a soudain envie de crier :

– Moi, je ne suis pas un fils de bourgeois !

Mais il reste sans voix. Incapable de réagir. Il se sent en réalité étrangement flatté d'être assimilé.

Un peu plus tard, il se retrouve les pieds dans l'eau au bord de la piscine, tout près de Sylvie.

– Tu fais quoi, comme études ? demande-t-elle.

Cette fois, il se sent contraint de dire la vérité.

– Je suis encore au lycée.

– Et plus tard, c'est quoi tes projets ?

– Du journalisme, répond instinctivement l'adolescent, comme Kessel.

Alain, qui est venu se glisser derrière eux, lance avec un sifflement d'admiration :

– Mazette ! Rien que ça ! Comme Kessel !

– Fiche le camp, toi..., s'emporte Sylvie une nouvelle fois.

Alain s'éloigne en se dandinant. Après un léger silence, Sylvie reprend :

– Au fond tu sais, Alain, c'est pas un mauvais bougre... Il fait son cinéma.

Elle regarde l'adolescent, qui reste impassible, et ajoute, avec comme une provocation dans la voix :

– En fait, c'est un tendre.

Elle marque un temps, joue du silence et poursuit :

– C'est un tendre au lit! C'est un bon amant...

Saisi par la confidence de Sylvie, l'adolescent avale d'un trait son verre de jus d'orange et manque s'étouffer. Il ne sait trop comment masquer son embarras et sa déception, devant la révélation incongrue de la jeune fille. Elle éclate d'un grand rire franc et commande en souriant :

– Tu restes avec nous pour les grillades. Tu ne bouges pas, je vais me changer...

Elle s'éloigne sur la pointe des pieds et se retourne soudain. Devant l'air meurtri du jeune garçon, elle murmure :

– T'es trop mignon...

Un peu plus tard, Sylvie et le Petit se retrouvent dans la maison. La jeune fille l'entraîne vers sa chambre, dont elle ouvre la porte pour la refermer aussitôt, en laissant échapper un petit rire espiègle.

– Non, pas là! C'est ma chambre de pucelle.

Elle l'entraîne à l'autre extrémité du couloir, pénètre dans la chambre des parents, et le pousse sur le lit en riant aux éclats. Elle se jette sur le jeune garçon comme si elle voulait batailler avec lui. On dirait deux enfants. Il l'enlace.

Il a l'impression de vagabonder en tous sens dans ce lit immense. A la fenêtre affleure une lumière un peu verte. C'est le reflet de la lune dans la piscine. Il se redresse un instant pour reprendre sa respiration. Il murmure au bord des larmes :

– Je t'aime.

– Idiot! Ne dis pas ça...

Soudain Alain entre dans la chambre sans aucune gêne. Il lance :

– Tu sais quelle heure il est, Kessel? Tu vas te faire gronder. Il est quatre heures du mat, je te ramène.

Une aube mauve glisse sur la route. L'adolescent penche sa tête par la vitre ouverte de la voiture. Ses yeux, son visage, sa peau, tout son corps s'imprègnent de l'odeur forte des étangs à demi asséchés sur lesquels s'éveillent un à un quelques flamants roses qui déploient lentement leurs longues pattes engourdies.

Il se sent passionnément amoureux, fou de désir. Alain rompt le silence :

– C'est un volcan, hein, la Sylvie!

L'adolescent fait comme s'il ne l'avait pas entendu. Il se penche davantage vers l'extérieur. La prise au vent est si forte qu'il ne peut comprendre la suite des propos d'Alain. Il le voit juste éclater de rire.

Ils se sont revus le lendemain après-midi sur la plage. Il a tendu la main vers Sylvie. Elle n'a pas ouvert la sienne. Il lui a trouvé un drôle d'air lointain, comme si rien ne s'était passé entre eux. Il a été tout à fait déconcerté par son attitude. Elle n'a pas cessé de plaisanter avec Alain. A la fin de la journée, ils se sont tous réunis au bord de la piscine. L'un d'eux a proposé une balade sur le port. Au moment de partir, Sylvie et Alain ont disparu. L'adolescent a poussé la porte de la chambre de la jeune fille. Il a lancé un timide :

– Vous êtes là ?

Il n'a rien vu d'abord. Puis il a reconnu les deux silhouettes près de la fenêtre et Alain a fini par répondre :

– On est là. On ne peut plus là, même...

C'est à ce moment-là que l'adolescent s'est aperçu que Sylvie se tenait nue dans les bras de son ami. Il a claqué la porte, Sylvie a crié :

– Attends! Ne sois pas bête...

Il a traversé la propriété en courant. Puis il a marché longtemps avant de se décider à faire du stop. Il a inondé son oreiller de larmes de jalousie, de colère et de désespoir.

22

Au retour de Paris, l'état de santé de la grande sœur lui fait vite oublier sa détresse amoureuse.

Elle se tient face à lui, noyée dans le grand fauteuil du salon. Le visage blanc, elle semble épuisée. Elle tousse plusieurs fois, d'une grosse toux rauque, encombrée. Hélène écrase une nouvelle cigarette dans un cendrier plein à ras bord de mégots.

– Pourquoi tu refumes? demande l'adolescent.

Elle répond d'un geste vague de la main et d'une voix atone :

– Pour les nerfs. C'est pour me calmer, Petit.

Quelques semaines plus tard, le médecin traitant dit, sans dissimuler sa profonde contrariété :

– A ce rythme-là, la rechute était inévitable.

Avant son départ pour le sanatorium, Hélène fait jurer à Pierre de veiller une nouvelle fois sur le Petit. Elle lui rappelle ses engagements.

Et puis, tout va très vite, trop vite, au cours de l'année qui s'écoule. L'adolescent vit pratiquement seul dans l'appartement de sa sœur. Pierre fait des visites irrégulières au cours desquelles il remplit le réfrigérateur et demande :

– Tu n'as besoin de rien, Petit?

– Tu travailles bien, Petit?

– Ça va, Petit?

– Je te laisse un peu d'argent, Petit!

Matériellement, il ne lui manque rien, au Petit. Les manques sont ailleurs. Affectivement, les carences sont terribles. C'est souvent qu'il passe devant la loge de la concierge, la gorge nouée, les yeux pleins de larmes. Le spectacle qu'il entrevoit autour de la table familiale, où s'agite une ribambelle de marmots bruyants, joyeux, câlinés par leur mère, lui fait mal. Il voudrait se joindre à eux. Il monte alors l'escalier à toute vitesse et se jette en pleurs sur son lit, honteux de se sentir encore à son âge un pauvre « minot », privé de chaleur, d'affection maternelle. Il se sent seul dans cet appartement comme il se sent seul au collège. Il a le sentiment d'y perdre son temps. Il n'est pas parvenu à s'y faire des amis, trouvant bien trop jeunes les élèves de sa classe. « Rien que des puceaux qui ne pensent qu'au foot... », dit-il, quand il est agacé par le comportement de l'un d'eux. En réalité, il se sent plus proche, plus en harmonie avec certains professeurs. Notamment avec un professeur de français auquel il se confie entre deux cours, et un professeur de dessin. Ils parlent ensemble longuement, dans les couloirs, de littérature, d'art, de peinture... Il veut comprendre pourquoi il faut trouver la Joconde belle. Il dit qu'il apprécie bien plus l'œuvre de Rembrandt, de Seurat, de Gauguin et qu'il est bouleversé par Picasso et son *Guernica.* Il dit encore que les *Propos sur le bonheur* du philosophe Alain lui apportent le soutien, l'espérance en la vie qui lui font parfois défaut. Pêle-mêle, il absorbe Proust, Tolstoï, Verlaine et Rimbaud.

– Tu vas trop vite... Prends ton temps, lui fait remarquer son professeur de français.

– C'est pas moi qui vais trop vite, c'est la vie..., se défend l'adolescent, qui a le sentiment d'être plongé depuis longtemps dans une vie d'adulte.

Il avoue encore qu'il n'a pas l'intention de conduire ses études jusqu'au baccalauréat, que trop peu de matières scolaires le concernent. Seules la littérature et la poésie retiennent son attention. Le professeur tente de le dissuader de mettre un terme à sa scolarité. Sa décision est prise. Il écrit régulièrement à la grande sœur en lui dissimulant ses intentions. Hélène lui répond avec infiniment de tendresse. Ses lettres sentent bon... Elle dit qu'elle triomphe une fois de plus de la maladie, qu'elle est pleine d'espérance. Enfin, elle confie qu'elle pense avoir rencontré l'homme de sa vie et parle de mariage.

L'adolescent vit dans l'attente du retour de sa sœur. Les soirées sont souvent longues. Il est à l'affût des bruits, des signes de vie de l'immeuble.

Une voisine, qui connaît sa situation, frappe parfois à

la porte. Elle lui dépose un bol de soupe ou quelques produits alimentaires frais. Quand la solitude est trop lourde à porter, prétextant une difficulté sur un devoir, une leçon mal assimilée, il descend chez elle. Entre ses deux jeunes enfants, il retrouve un peu de cette vie familiale qui lui manque tant. Le mari, représentant de commerce, est rarement à la maison.

La voisine est professeur de mathématiques. C'est une femme d'une trentaine d'années, une « brunette piquante », aurait dit le grand Negroni. Elle teint à l'eau oxygénée un léger duvet sombre au-dessus de sa lèvre supérieure. Elle a de grands yeux noirs, mis particulièrement en valeur par de longs cils très fins et très recourbés à leurs extrémités.

Assis devant la table de la cuisine, le cahier d'exercice d'algèbre entre eux, elle force sa colère. Chacun de ses soupirs met largement en valeur sa poitrine qui se gonfle dans l'échancrure de son chemisier, dont les deux derniers boutons refusent obstinément de se fermer sous la généreuse pression des deux mamelons.

– C'est incroyable, que tu ne sois pas capable de faire cet exercice!

– Je suis allergique aux maths depuis toujours, se défend l'adolescent en riant.

– Tu n'es pas sérieux...

Leurs mains se touchent plusieurs fois. Leurs yeux se rencontrent. Elle sourit. Il regarde sa bouche pleine, ronde, pulpeuse. Il en aime le dessin régulier en accent circonflexe. Elle se lève pour échapper à l'ambiguïté de la situation, se dirige vers la porte et interpelle les enfants. Elle lance sans grande conviction :

– Arrêtez de regarder la télévision!

Elle referme la porte de la cuisine. Il se déplace à son tour, marche vers elle. Leurs yeux se fouillent une nouvelle fois. Il est là, presque à la toucher. Il s'approche davantage. Il sent l'odeur de sa peau. Elle dit :

– Non, il ne faut pas!

Elle remue négativement la tête. Ses cheveux se défont sur ses épaules. Lui, il tremble légèrement. Son regard est mouillé. Les enfants, à côté, ont monté le son de la télévision. Le chanteur Claude François les invite à danser le twist.

– Non, il ne faut pas. Les enfants... Il ne faut pas...

Mais déjà la bouche de l'adolescent emprisonne ses

lèvres. Ses mains courent sous le chemisier de la jeune femme dont les seins se tendent. Il relève sa jupe étroite, qui résiste, et il la prend rageusement contre la porte. Un instant, il sourit, ayant le sentiment confus de prendre une revanche sur les mathématiques. Il pense que, pour une fois, il a « tout bon... ».

Il reverra très souvent sa voisine amante et maternelle. Grâce à elle il fera également quelques progrès en maths...

Le sanatorium a accordé une permission à la grande sœur. Elle rejoint le Petit avec son nouveau compagnon.

Elle annonce son arrivée à grands coups de klaxon stridents. Il se penche au balcon, balayé par un vent violent qui a chassé tous les nuages pluvieux. Il la découvre dans une belle décapotable. Il ne voit d'abord que la voiture, une Triumph T.R. 3, d'un rouge qui incendie la rue. C'est son modèle préféré avec la « Morgan ». Immédiatement, il se dit qu'il ne peut avoir que de la sympathie pour le pilote de cet engin rutilant.

Le couple a voyagé la capote baissée, alors qu'il fait encore froid, quelques jours après Pâques. Hélène lui fait de grands signes de la main. Il se reprochera, un peu plus tard, de n'avoir eu d'yeux que pour la voiture de sport. Hélène est habillée d'un beau pull noir à torsades blanches et d'un fuseau également noir qui lui allonge la silhouette. Ses cheveux sont pris dans un foulard bleu clair aux pointes nouées autour du cou. L'homme qui se tient à son côté est élégant. Il sourit. Ses cheveux sont très légèrement grisonnants. Il porte des Ray Ban, les dernières lunettes à la mode. Comme d'habitude, l'adolescent cherche une ressemblance avec une silhouette cinématographique. Il lui trouve immédiatement un faux air à la Cary Grant.

Dans l'enthousiasme, Hélène annonce qu'ils ont obtenu cette permission pour s'occuper des formalités de leur mariage. L'adolescent observe l'homme plus attentivement. Il lui trouve du charme et de la douceur. Élancé, un peu frêle d'épaules et de poitrine, il a posé ses longues mains fines sur le volant en bois qu'il tourne lentement, comme pour mieux en faire apprécier la qualité. L'élu de la grande sœur confirmera immédiatement son aspect sympathique en conviant l'adolescent à faire un tour de Triumph.

Plus tard, au restaurant, le Petit fait part de son désir de mettre un terme à sa scolarité, sans renoncer, pour autant, tout à fait aux études. Il explique qu'il peut accéder à une école de journalisme sans le baccalauréat. Il s'agit d'un établissement payant, au coût plutôt élevé. Hélène avoue qu'elle est financièrement tout à fait démunie et que son compagnon, malgré les apparences – la Triumph –, est un faux riche.

Le Petit a bien du mal à dissimuler sa déception. Il tapote nerveusement la table de la pointe de sa fourchette. Il repousse son assiette à demi pleine de saumon, puis suggère de quitter l'appartement et de s'installer dans une chambre de bonne.

– Il n'en est pas question, dit la grande sœur, l'air fâché.

Elle passe son bras autour des épaules de son jeune frère et ajoute tendrement :

– Je t'y crois plus en sécurité. Il reste à peu près les traces d'une vraie maison... Te savoir ici, c'est me sentir plus près de toi.

Quand elle dit cela, elle a dans la voix une modulation très douce, presque musicale. A son tour, il avoue :

– Moi aussi, quelquefois pour te sentir encore ici..., j'ouvre les portes du placard de ta chambre et je regarde ton manteau... tes affaires, quoi.

Marc fronce les sourcils. Il reste le couteau et la fourchette en l'air. Hélène a un sourire attendri, complice. Le jeune garçon n'en dira pas davantage.

La regardant à la dérobée, il retrouve toute sa beauté. Il ne parvient pas, une fois de plus, à la considérer comme sa sœur ou un substitut de mère. Il a souvent envie de nier tous liens de parenté pour mieux transgresser les interdits. Il se dit qu'il n'a jamais vécu avec sa sœur des relations filiales.

Marc embrasse furtivement Hélène dans le cou. Elle dodeline de la tête comme un petit animal sous la caresse. Elle ne peut dissimuler son bonheur. Son regard croise celui du Petit. Il rougit, de gêne mais aussi de jalousie. Elle s'écarte et dit :

– Je vais engager une bague ou deux qui ont un peu de valeur...

– Il ne faut pas! réplique l'adolescent sans lever la tête de son assiette.

– Mais si! Il le faut, si tu es décidé, pour cette école.

Elle marque un temps, pose sa main sur le bras de son frère et ajoute :

– Je te dois bien ça...

Il cesse aussitôt de manger et regarde sa sœur profondément.

– Tu es folle de parler comme ça. C'est moi qui te dois tout !

Leurs mains se rencontrent instinctivement sur la nappe blanche de la table. Ils s'étreignent fortement, passionnément complices. Puis elle caresse son pouce par un petit mouvement rotatif tout autour de l'ongle, sur la partie la plus sensible, la plus douce. Il se concentre sur cette caresse, ferme à demi les yeux. Il en oublie l'endroit où il se trouve. Elle lui embrasse la main. Il pense à Mallarmé. Il murmure : « C'était le jour béni de ton premier baiser... »

Marc fait mine de se lever. Il lance en souriant :

– Si je dérange, il faut le dire, je vais faire un tour de Triumph !

– Tu ne vas pas être jaloux de mon frère, répond Hélène toute joyeuse.

L'air perplexe, l'homme reprend :

– Ton frère, c'est vite dit ! Qu'est-ce qui me prouve que c'est ton frère ?

Il se tait un instant, pousse du coude l'adolescent et ajoute :

– Il me fait plutôt penser à un jeune amoureux, oui !

Le jeune « amoureux » rougit de nouveau. Il tente de masquer cette trahison de sa sensibilité en toussant à plusieurs reprises, voulant donner l'impression d'avoir avalé de travers. L'homme éclate de rire et le menace du poing.

– Fais attention, Petit ! je suis jaloux, très jaloux !

La grande sœur a un sourire de compassion en direction de l'adolescent. Puis elle dégage d'un de ses doigts une belle opaline montée sur un anneau d'or. Elle porte la bague à hauteur de ses yeux, souffle sur la pierre lumineuse et dit :

– Avec ça, on doit bien payer la moitié de ton année scolaire...

Quelques jours après le départ de la grande sœur, le Petit s'inscrit à l'école de journalisme. Une fois de plus, il triche sur son âge. Il évite de raser les quelques poils qui mettent tant de temps à lui pousser au menton. Il se retrouve en cours d'année avec des étudiants bien plus âgés que lui. Il rencontre Françoise, une jeune étudiante en lettres, vive, rigolote... C'est en plein émoi amoureux qu'il apprend le décès du père.

Il s'interdit les larmes : on ne peut pleurer un homme qui a fait tant de mal. Pourtant, il ne l'a jamais vraiment détesté...

Il pense encore que si la mère a tant subi, c'est qu'il y avait bien quelque chose en lui qui pouvait susciter l'amour...

Le Petit se rappelle alors sa dernière vision du père : le visage dévoré par la maladie, l'alcool, la douleur, gangrené par la clarté verdâtre de cette fenêtre vorace devant laquelle il finit de s'user les yeux. Il expie, avec un semblant de vie dans le regard. Un regard arrêté dans le temps qui dit peut-être le regret et fouille avec violence en lui. L'homme s'éteint peu à peu, rongé par la solitude, par l'impossibilité de dire le remords, de conjurer la peur de la vieillesse venue trop tôt. Elle brûle sans pitié le peu de souffle qui lui reste, s'emparant cruellement de sa mémoire, de son intelligence. Il fixe obstinément ses longues mains, qu'il pose de dos sur ses cuisses maigres, comme s'il tentait de déchiffrer quelques pages de sa vie tumultueuse. Muet, accablé, il n'en finit plus d'interroger ses mains ternes dont il tente de maîtriser le tremblement. Parfois un trait de violence se dessine sur ses lèvres craquelées et moirées. C'est un dernier souffle de révolte, de colère ou de méchanceté qui lui donne un sursaut. Puis, le pli de sa bouche se referme. Scellée, elle donne l'impression qu'elle ne s'ouvrira plus...

L'adolescent revoit la silhouette tassée sur la chaise, au fond de paille tressée et qui se défait en cordelettes inégales. Le vieil homme tire sur l'une d'elles comme s'il tentait d'éprouver encore un peu sa force. Cet homme-là appelle la compassion et le pardon. Ses muscles, sa chair fuient son corps. Sa souffrance est silencieuse. Froide. Elle s'enfonce chaque jour davantage en lui. Elle a la couleur de ses yeux. Elle pèse comme ses paupières si lourdes. Le mal qui habite en lui se dissipe parfois, lui rend un peu de répit, puis soudainement reprend possession de son territoire. Le père s'enferme alors dans sa chambre pour cacher cette douleur qui semble l'humilier et qui lui fait payer gravement son passé et sa violence.

Nul gémissement, nul cri ne franchissent la porte. Il paie sa dette en silence, les yeux rivés au plafond, dont il connaît la moindre aspérité, la plus petite boursouflure d'humidité, tous les plis, tous les creux écaillés de la peinture sans couleur, sans aucune vie, sans espérance. La porte fermée, l'adolescent ne sait pas qu'il ne reverra plus son père.

Le télégramme qui annonce sa mort est encore sur le bord du lit. Il fait l'amour avec infiniment de tendresse à cette jeune étudiante, sans se douter qu'elle portera bientôt, par lui, la vie et qu'ils s'uniront pour de longues années.

23

Cinq années se sont écoulées depuis le mariage d'Hélène et deux enfants sont nés : une fille et un garçon. Nathalie est une fillette brune à cheveux courts, qui ressemble à sa mère. Elle a l'ovale régulier et original de son visage, les mêmes pommettes hautes et les mêmes yeux en amande. Le garçon a les traits de son père, un joli petit nez en trompette, et une grande frange qui tombe régulièrement sur ses yeux verts. Il a une petite bouille amusante et trottine en tous sens. Hélène l'appelle : « Mon Titou. » On ne sait trop d'où vient le surnom. La petite fille a du caractère, comme dit son père. Le mère affirme peut-être un peu trop souvent : « Elle tient de moi, c'est une vraie tête de mule ! »

Peu à peu les relations entre Nathalie et sa mère deviennent conflictuelles. Marc, en homme pondéré, tente souvent de tempérer les situations difficiles. Hélène est une maman angoissée, qui exige de la tenue en toutes circonstances. Elle donne tout son temps à l'entretien de la maison et à l'éducation des enfants, veut leur inculquer tout ce qu'elle n'a pas reçu – instruction, politesse, bonnes manières, respect... Elle théorise sur ce qu'elle croit être une bonne éducation, veut trop bien faire. Sa rigueur finit par altérer sa sensibilité. Elle gronde sévèrement puis cherche immédiatement auprès de ses enfants tendresse et affection. Elle harcèle son aînée. Tout doit être parfait autour d'elle. Particulièrement la toilette. « Il faut être propre... » est une obsession. Hélène lave les enfants le matin... le soir, les récure véritablement. Les gants de crin, les cotons-tiges, les brosses, le savon de Marseille n'oublient aucune parcelle du corps. Les parties intimes sont nettoyées obstinément. Marc finit par lui dire :

– Il y a quelque chose de pathologique dans ton comportement... C'est comme s'il s'agissait sans cesse d'effacer les traces sales du passé!

Elle se contente de hausser les épaules et retourne à sa mobilisation intensive dans l'entretien de l'appartement. Sans cesse, elle répète :

– C'est indispensable de faire le ménage à fond trois fois par semaine.

Peu à peu ces exigences finissent également par perturber ses rapports avec son mari. Les disputes se multiplient. Elle lui reproche de prendre parti systématiquement pour les enfants, affirmant :

– Vous formez un clan contre moi. Même le Titou m'échappe, maintenant!

– Toute ta vie, tu t'es sentie mal aimée..., tente d'expliquer Marc.

Il lui suggère de rencontrer un psychologue. Elle réagit vivement :

– Tu veux me faire passer pour folle? C'est ça, hein?

La répétition des conflits, l'excessive nervosité de sa femme contraignent Marc à la harceler. Il veut qu'elle envisage une psychothérapie. Il faut qu'elle évacue toutes ces douleurs de l'enfance qui remontent en elle et qui troublent tant sa vie d'adulte. Hélène est farouchement opposée à cette rencontre. Elle hurle :

– Je les connais, ces gens-là! J'en ai suffisamment vu dans mon travail... C'est eux qu'il faut commencer par soigner!

Son visage s'est fermé. Elle reste élégante, mais elle ne rayonne plus. Quelque chose s'est brisé en elle. Elle est tour à tour morose ou, au contraire, excessivement exubérante. Son regard s'est durci. Le ton de sa voix n'est plus le même, il est plus sec, plus cassant.

Parfois, elle est prise de pulsions affectives tentaculaires en direction de ses enfants. Elle les étreint longuement et gémit :

– Ma Nathalie! Ma chérie! Mon Titou! Je vous aime tant, vous êtes tout pour moi!

La fillette se cabre. Elle ne comprend pas le comportement de sa mère, ses excès, ses attitudes lunatiques, ses exigences... cet amour si soudainement exclusif, étouffant. Elle trouve plus d'équilibre et de tendresse auprès de son père. Hélène est jalouse de leur complicité. Dès lors, l'enfant est une rivale contre laquelle elle doit lutter, jusqu'à en perdre son bon sens.

Marc se détache progressivement de sa femme. Il sait que son comportement est lié, avec évidence, à tout ce qui l'a meurtrie. Pour lui, le mal d'enfance de sa compagne ne peut se résoudre que par un travail en profondeur sur son passé.

Hélène se lamente. Elle est désespérée par ses relations avec sa fille. Elle ne sait plus comment lui parler, n'ose plus affronter son regard... Ce regard, silencieux et bruyant à la fois, qui l'observe longuement, la juge, la condamne... Alors exaspérée, hors d'elle, elle lance violemment :

– Ne me regarde pas comme ça, effrontée!

Aussitôt, Hélène regrette d'avoir parlé ainsi, et demande pardon. Elle répète, de façon obsessionnelle :

– Ce n'est pas juste, cette enfant ne m'aime pas.

Ses crises de nerfs sont de plus en plus fréquentes. Il lui arrive pourtant de faire preuve de lucidité. Elle confie alors à Marc :

– Je pense souvent à mon père. J'ai souvent les mêmes réactions que lui, j'ai peur de reproduire les mêmes choses. Je suis sûre qu'il m'aimait, mais il était incapable de me le dire. C'est en me faisant souffrir qu'il se sentait plus proche de moi...

Elle pleure. Doucement pour ne pas réveiller les enfants dans la chambre voisine. Elle prend la main de son mari et implore :

– Aide-moi, aide-moi, Marc, j'ai peur. Aide-moi à préserver, à aimer Nathalie...

Durant les semaines qui suivent, Hélène fait beaucoup d'efforts pour se rapprocher de sa fille. Elle se glisse dans sa chambre et l'interroge gentiment sur son école, ses amies...

Nathalie regarde sa mère avec une dureté étrange, chez une fillette.

– Ne fais pas semblant de t'intéresser...

Désappointée par la réaction de sa fille, Hélène tente néanmoins de la prendre par le cou et ajoute :

– Pourquoi tu me parles comme ça. Sois gentille, un peu...

– Tu crois que tu es gentille, toi!

Tout est dit. Nathalie tourne le dos à sa mère et se plonge dans la lecture d'un livre. Hélène, penaude, sort en silence de la pièce. La porte à peine refermée, la fillette éclate en sanglots. Elle murmure :

– Maman, maman...

Nathalie s'en veut de ne pas avoir su se rapprocher de sa mère.

Hélène se réfugie obstinément dans les tâches ménagères. Elle accepte l'aide d'une femme de ménage mais elle refait les choses systématiquement derrière elle. La nuit, elle se lève et passe de longues heures, le fer électrique à la main, à repasser du linge qui a déjà été repassé.

Bientôt, une nouvelle fatigue s'installe en elle. Elle se réveille fréquemment épuisée. Elle fume de plus en plus et supporte de moins en moins les cris et les disputes des enfants. Ses nerfs réagissent violemment à la moindre contrariété.

Marc constate peu à peu que sa femme oublie souvent des événements de leur vie commune. Il pense d'abord que c'est la prise régulière d'antidépresseurs qui provoque ces crises d'amnésie. Ses gestes sont lents. Son pas est de plus en plus lourd. Elle prend subitement beaucoup de poids. Elle n'accorde plus d'importance à son apparence. Elle oublie souvent de se coiffer, déambule de longues heures en robe de chambre. Elle s'attarde tous les jours à l'heure de l'apéritif devant la bouteille de Martini blanc. Elle est agacée quand Marc s'aventure à lui en faire la remarque.

Un matin, elle tombe dans sa chambre. Le choc est violent. Elle est très longue à reprendre connaissance et est immédiatement hospitalisée. Le diagnostic du professeur qui reçoit Marc est terrible :

– Tumeur au cerveau inopérable...

Hélène n'a pas conscience de la gravité de son mal. Elle est pourtant considérablement handicapée.

– C'est épouvantable, Petit. Elle a perdu l'usage d'un œil et elle est paralysée du côté gauche.

Dans les bras l'un de l'autre, les deux hommes sont tout en haut du grand escalier gris et froid de cet hôpital parisien spécialisé. La barbe de Jean, le frère aîné, irrite la joue du plus jeune. Son odeur d'eau de toilette fraîche noie celles âcres, maladives qui imprègnent les murs, les salles d'attente, les longs couloirs, les chambres de l'établissement.

L'aîné répète :

– C'est terrible, c'est terrible, Petit...

« Petit » c'est toujours ainsi qu'on l'appelle, dans la famille, ce jeune homme de vingt ans. Et il ne peut répondre, le « Petit », à son frère aîné tant sa douleur est grande.

Il se tourne vers la fenêtre du couloir. Il trouve un peu de fraîcheur en regardant les traînées de pluie mélangées à la poussière de la rue, sur le carreau. Elles forment de longs sillons noirs comme des barreaux de prison. Des pas ricochent dans le couloir silencieux. Une infirmière croise un médecin.

– Vous avez pris la tension du douze ?

– J'y vais, monsieur...

« Ce n'est plus que cela la grande sœur, se dit le jeune homme, un numéro. »

Le douze gît dans son lit. Les yeux mi-clos. La maladie étale ses pauvres couleurs. Le visage d'Hélène est gris. Ses tempes et ses cheveux sont brûlés par les rayons.

Marc est à son chevet. Il est comme groggy. Il murmure :

– Les enfants... Qu'est-ce que je vais dire aux enfants ?

Pendant quelques semaines, ils seront pris en charge par le Petit et sa compagne.

Marc, désespéré, reprend peu à peu confiance, d'autant que les médecins viennent, dans une certaine mesure, de le rassurer.

– La vie de votre épouse n'est pas en danger... La tumeur n'évolue pas, explique le professeur qui la soigne.

Néanmoins, Hélène restera très handicapée. Dans les mois qui suivent, à force de courage et de volonté, elle retrouve partiellement l'usage de ses membres paralysés. « On n'a jamais vu quelqu'un lutter avec tant de force », disent les infirmières et toute l'équipe soignante.

Bientôt, Hélène parvient à se déplacer avec une canne. Sa jambe traîne un peu derrière elle. Elle retrouve vite toutes ses capacités de réflexion. Elle est suffisamment lucide pour dire :

– Je boite exactement comme boitait mon père...

Dans les bras du Petit, elle s'effondre une seule fois, à sa sortie d'hôpital.

– Mon Dieu! J'étais si belle, regarde ce que je suis devenue... une vieille femme.

Il la serre fort contre lui et répète, la voix cassée par l'émotion :

– Je t'aime, tu sais... Je t'aime tant...

Que reste-t-il, aujourd'hui, de la grande sœur de son enfance ? Maintenant ses beaux cheveux blonds sont d'un jaune paille éteint. Ils sont rêches, cassants sous la main. Son visage est bouffi. Ses yeux sont globuleux. Elle porte de grosses lunettes à double foyer. Elle tente de masquer avec un foulard un goitre proéminent. Elle pleure et dit pêle-mêle, comme si elle chuchotait une confidence :

– Toi, tu es beau, ça me fait du bien... Je suis fière de toi...

Il ne sait que dire, la serre davantage dans ses bras. Enfin, il murmure à son tour :

– Il faut que tu te rétablisses, que tu gagnes pour toi, pour tes enfants...

Elle a un geste vague de la main et soupire :

– Oh! tu sais, les enfants, je crois qu'ils n'ont plus besoin de moi.

Le Petit met sa main sur la bouche de la grande sœur et dit en fronçant les sourcils :

– Ne dis pas ça! Ils ont besoin de toi... et moi aussi j'ai besoin de toi.

Une lumière de fin de journée envahit peu à peu le salon silencieux, où ils se sont réfugiés. Il dit encore d'un seul souffle :

– Tu m'as fait, tu es ma sœur... tu es ma mère! Je te dois tout...

Il sait qu'elle a compris depuis longtemps qu'elle représente plus encore pour lui. Elle a deviné très vite qu'elle a été la première femme aimée, la première femme désirée.

Banale, lourde, pleine de difficultés, d'embûches, de jours d'espoirs, d'impatience, de renoncements, la vie a repris son cours.

Les enfants, bien sûr, sont heureux de retrouver leur mère. Mais, peu à peu, les conflits reprennent avec l'aînée, amplifiés cette fois par le handicap de la maman. Marc se fait une fois de plus le médiateur entre la fillette et sa mère. Il s'épuise à tenter de les réconcilier. Il participe, par ailleurs, très activement aux tâches de la maison. Son travail d'ingénieur l'absorbe énormément. Il sait pourtant, pour avoir fait de longs séjours en sanatorium, qu'il doit ménager sa santé, mais les urgences de la vie quotidienne le harcèlent. Et le destin s'acharne et frappe une nouvelle fois. Un an à peine après l'hospitalisation de sa femme, Marc s'effondre un matin dans la salle de bains. Il meurt trois mois plus tard d'un cancer généralisé.

La rue est blanchie par le soleil. Les feuilles des acacias sont plissées par la chaleur. Nathalie et son petit frère sont assis à l'ombre du mur qui surplombe les toits des garages.

Hélène n'a pu se résoudre à révéler aux petits la mort du père. Elle s'est installée dans le Midi, chez la mère qui vit dans un nouvel appartement plus confortable.

– Je ne peux pas, je n'ai pas ce courage... Dis-leur, toi. Je t'en prie, dis-leur... a-t-elle demandé à son jeune frère.

Le Petit marche vers les deux enfants. Ils se jettent dans ses bras. Il remarque le visage crispé de la fillette. Elle a su très vite l'importance de la maladie de son père. Le Titou se précipite immédiatement sur la planche de skate-board offerte par son jeune oncle. Il est radieux.

Sur le balcon, Jean, pâle et triste, tient Hélène par les épaules. L'image de ce couple dans l'attente, dans la douleur, bouleverse le Petit. Il se dit qu'il n'aura pas la force, qu'il ne va pas réussir à parler aux enfants. Les yeux de Nathalie l'interrogent avec tant d'insistance. Il appelle le garçonnet :

– Titou, viens t'asseoir à côté de nous. Il fait trop chaud, viens à l'ombre.

L'enfant glisse maladroitement sur sa planche à roulettes et s'affale sur les genoux de son oncle.

– T'as vu papa, tonton ? demande-t-il encore plein de rire et d'insouciance.

Ces quelques secondes d'hésitation avant de répondre semblent durer une éternité. Le Petit sait qu'il faut dire la vérité, qu'il faut appeler les choses par leur nom, qu'il faut dire la mort. Il prend les mains des enfants, qu'il joint dans les siennes. Sa gorge est trop nouée. Il craint de ne pouvoir sortir un son. Il tousse pour s'éclaircir la voix. Il les regarde affectueusement l'un après l'autre et dit enfin :

– Votre papa... Votre papa, il avait vraiment très mal... Cette maladie était terriblement méchante avec lui...
Le Titou fait jouer dans sa main un des roulements à billes de sa planche. Depuis un moment, il baisse les yeux. Nathalie fixe un point de l'autre côté de la rue. Le Petit passe maintenant ses deux bras autour des épaules des enfants. Il dit tout doucement :
– Maintenant il n'aura plus mal, votre papa...
Le Titou lève soudain la tête et dit :
– Pourquoi elles font plus de bruit les cigales ?
Nathalie se dégage d'un geste brusque, frappe de la main la cuisse de son frère et lance en colère :
– On s'en fout qu'elles chantent plus, les cigales... Elles sont mortes, tes cigales !
C'est ainsi qu'elle vient en aide à son oncle pour qu'il parvienne à dire :
– Votre papa est mort maintenant.
Les yeux pleins de larmes, Nathalie chuchote :
– On ne le verra plus !
Le jeune homme se rapproche davantage de Nathalie.
– Il avait vraiment trop mal, tu sais... Maintenant, c'est fini...
Titou se glisse plus près de sa sœur et demande avec un air très sérieux :
– On n'a plus mal quand on est mort ?
– Non, on n'a plus mal.
– Alors c'est bien, s'il n'a plus mal ! reprend l'enfant.
– Tais-toi, idiot ! hurle soudain Nathalie.
Elle tremble de tout son corps. Elle regarde du côté du balcon avec un drôle d'air qui semble plein de reproches. Elle voit sa mère, silhouette lourde qui tient les deux mains crispées sur sa canne. La fillette murmure :
– Maman, maman...
Elle se tourne vers son petit frère. Elle tente de dessiner un sourire sur son visage tendu, tout en souffrance retenue.
– Viens, Titou, dit-elle très gentiment en lui prenant la main.
Elle a un regard perdu vers son oncle. Il se lève à son tour et prend les deux enfants par le cou. Ils marchent un moment en direction de la petite place qui garde tout l'été la fraîcheur à l'ombre des grandes feuilles vertes d'un figuier. Un banc circulaire à l'armature toute rouillée fait le tour de l'arbre. Nathalie pleure doucement.

Sans bruit. A larmes retenues. Le Titou joue avec sa planche à roulettes.

Le soir, avant de se coucher, la fillette se jette dans les bras de son oncle. Son souffle est court, ses lèvres brûlantes, ses tempes mouillées.

– Reste... dit-elle la voix cassée.

Elle le serre de toute sa force d'enfant. L'étreinte se poursuit pendant près d'une heure avant qu'elle puisse trouver le sommeil...

Il ne pourra jamais oublier le désarroi silencieux de cette enfant.

Les mois qui suivent l'installation d'Hélène et de ses enfants sont des mois où chacun tente de dissimuler sa douleur en apprenant l'absence. La vie s'organise avec le soutien intense de Jean. Pour se maintenir en bonne santé, Hélène absorbe de grandes quantités de médicaments. C'est cela qui lui donne cet air engourdi, lointain. Sa claudication s'accentue et il n'est pas rare qu'elle perde l'équilibre. Une assistante ménagère aide à la maison.

Nathalie s'implique, elle aussi, de plus en plus. Elle est devenue grave. L'enfance s'efface déjà de son visage. Elle ne sourit plus. C'est souvent qu'elle scrute sa mère avec une expression à la fois de pitié, de colère et de reproche. Elle ne parle jamais de son père. Seuls quelques gémissements, la nuit, disent sa peine de petite fille.

Le Titou multiplie, lui, les gestes de tendresse en direction de sa mère. Hélène confie à Jean :

– Nathalie me fait peur... Elle est si secrète, elle me repousse sans cesse quand je tente de l'approcher...

Il est vrai que la fillette est de plus en plus repliée sur elle-même. Elle se nourrit à peine. Elle ne parle qu'à son petit frère, s'occupe passionnément de lui. Elle va le chercher à l'école, prépare ses repas. Elle écarte sans cesse sa mère de la cuisine. Les gestes de celle-ci sont très imprécis, alors Nathalie la remplace et commande souvent sèchement, comme si elle parlait à une autre enfant :

– Pousse-toi de là, je vais le faire... Tu vas finir par t'ébouillanter, un de ces jours!

La mère veut résister puis finit par céder devant l'autorité de sa fille. Les rapports se sont renversés entre elles.

Au jour le jour, l'emprise de Nathalie sur sa mère s'accentue. Un matin, à la suite d'une nouvelle dispute, Nathalie lance avec violence :

– Pourquoi c'est pas toi qui es morte ?

Dès lors, elles ne vont plus cesser de s'affronter. Hélène de plus en plus fréquemment appelle Jean à l'aide. Il s'efforce de raisonner la fillette. Enfouie dans sa tristesse et sa révolte, Nathalie, muette, ne peut admettre la mort de son père. Le Petit essaie également d'intervenir. Il compte sur les relations de tendresse qu'il a eues avec l'enfant pour débloquer la situation. Il ne parvient pas davantage à faire parler Nathalie. Pour elle, la famille prend forcément parti pour sa mère.

Entre l'enfant et la maman ce n'est bientôt plus que mépris et injures. Et puis un jour, exaspérée, Hélène lance vers Nathalie le fer à repasser qui est à portée de main. La fillette l'évite de justesse. Elle court s'enfermer dans sa chambre.

Hélène voit soudain surgir devant elle l'image de son père tout en violence et brutalité. Elle éclate en sanglots et gémit, devant la porte de la chambre de sa fille :

– Mon Dieu ! qu'est-ce que j'ai fait ? Nathalie, ma petite fille chérie, pardonne-moi... Je n'ai pas voulu ça, je n'ai pas voulu te faire mal... J'ai perdu la tête, c'est à cause de tous ces médicaments... Ouvre-moi, je t'en prie ! Pardonne-moi !

Il faut une nouvelle fois l'intervention de Jean. Il parlemente un long moment avec Nathalie avant qu'elle accepte de sortir de sa chambre.

Un peu plus tard, la mère et l'enfant se tiennent l'une en face de l'autre sur le divan du salon. Nathalie fixe le sol obstinément. Hélène parle d'une voix rauque qu'elle tente de rendre douce.

– Il faut que tu te libères, ma chérie... Tu es malheureuse à cause de la mort de papa. Moi aussi, tu sais. Il nous manque tellement... Tu veux qu'on voie un médecin ensemble ?

Nathalie ne bouge pas, ne cille pas, donne l'impression de respirer à peine. Puis elle court s'enfermer dans sa chambre. Désespérée, Hélène écrit au Petit :

« Je ne comprends pas ! Ma Nathalie ne m'aime pas. Pourquoi le destin s'acharne ainsi sur moi ? Qu'ai-je fait pour être punie ainsi ? Je désespère de tout... Quelles fautes ai-je commises ? Seul mon Titou me retient à la vie. J'ai de moins en moins de force... Je ne supporte pas de voir ce que je suis devenue. Je ne renvoie pas à ma fille une image de mère valorisante. Je feuillette de temps en temps des albums de photos pour lui montrer combien nous étions beaux, son père et moi. Elle me regarde comme une étrangère et n'a d'yeux que pour lui. Cette enfant me déteste, j'en souffre. Je tente de faire le compte des instants de bonheur dans ma chienne de vie... ils sont rares. Je ne garde en mémoire que le moment où tu es venu vivre avec moi, avant que la maladie me frappe pour la première fois. Je vis dans le souvenir de cette époque en pensant à ce que tu es devenu... un peu comme tu le dis, " grâce à moi ". Si je t'ai sauvé de la misère, je veux sauver mes enfants du manque d'amour... mais je ne sais plus comment m'y prendre avec Nathalie. Elle ne sait pas combien je l'aime et combien je suis malheureuse. »

Quand Jean entre dans l'appartement, il est pris à la gorge par une forte odeur d'alcool. La porte d'entrée de l'appartement est grande ouverte. Un désordre inhabituel s'étale dans la cuisine. Il fait quelques pas dans le salon et découvre Hélène sur le canapé. Une bouteille de Martini blanc traîne à ses pieds.

– Ma pauvre sœur, qu'est-ce que tu as fait ? demande le grand frère, bouleversé.

Hélène est effrayante à voir. Son maquillage a fondu sur son visage. Sa robe est défaite. Elle a inondé le canapé d'urine. Dans l'incapacité d'articuler un mot, elle écarquille les yeux démesurément. L'aîné est à la fois pris de colère et de pitié.

Hélène s'agrippe à sa veste avec violence. Il ne parvient pas à se détacher de son étreinte. Elle semble l'implorer, lui demander pardon. Elle tremble de tout son corps et parvient enfin à murmurer :

– Ne me quitte pas, j'ai peur...

Il effleure du bout des doigts les cheveux de sa sœur. Il la caresse lentement pour l'apaiser. Peu à peu, elle ferme les yeux. Ses mains crispées sur le bras de son frère se desserrent. Elle s'endort dans un souffle rauque qui résonne dans toute la pièce.

Un peu plus tard, penaude comme une enfant prise en faute, elle s'explique. Elle dit qu'elle voulait oublier cette journée grise, cette vie triste... qu'elle s'est encore disputée avec sa fille avant son départ pour l'école. Elle dit aussi que Nathalie l'a menacée...

Jean estime qu'il faut séparer la mère et l'enfant avant que ne surgisse un drame. La fillette dit elle-même qu'elle préfère aller en pension.

La maison est plus calme pendant quelques semaines. Mais la solitude est de plus en plus insupportable pour Hélène. Elle passe de longues heures dans la chambre vide de sa fille, assise sur son lit, l'air hagard. C'est une chambre étrange, austère par sa propreté excessive. Il n'y a pas un seul jouet, pas une seule poupée, photo ou objet qui indiquent qu'une fillette y vit. Hélène se lève et, du plat de la main, essuie un grain de poussière imaginaire sur la bibliothèque.

Quand le petit garçon revient de l'école, il s'étonne de retrouver sa mère à demi endormie et qui a bien du mal à préparer le repas. Il raconte un peu plus tard à Jean :

– Maman, elle a toujours l'air de dormir... L'autre jour il y a eu une grosse flamme sur la cuisinière, j'ai eu vachement peur.

La famille s'inquiète de plus en plus pour l'enfant et la maman. La façon qu'elle a de se déplacer, ses troubles multiples ne sont pas liés seulement à son état de santé. Le frère aîné découvre les bouteilles d'alcool cachées dans l'aspirateur et dans la machine à laver. Hélène assise sur le tabouret de la cuisine, vacillante, jure qu'elle ne boit pas. L'aîné vient de la réprimander comme une petite fille. Elle promet une nouvelle fois qu'elle n'y touchera plus. Elle explique :

– Je n'en prends pas beaucoup... C'est le mélange avec les médicaments qui ne me convient pas...

Au cours de brefs séjours, le Petit essaie de la raisonner. Il lui dit combien « elle prend le risque de mettre en péril sa santé, qu'elle doit lutter... vivre ». Hélène l'écoute, les mains enveloppées par celles du frère. Elle a toujours son opaline au doigt.

– Tu te souviens quand tu l'avais gagée pour payer mon inscription à l'école de journalisme ?

Elle a l'air absent. Son visage, ses yeux sont gonflés par les calmants qu'elle absorbe à fortes doses.

– Ah ! je l'avais gagée ? demande-t-elle, étonnée.

Il cherche désespérément en elle quelques survivances de la grande sœur d'Algérie. En vain. Seules ses mains délicates rappellent la jeune femme d'hier. Il les caresse lentement. Elle dit soudain avec une étrange lucidité :

– Le père aussi avait de très belles mains...

Les larmes glissent longuement sur ses joues blêmes.

– Tu reviendras me voir, Petit ?

Il fait un signe affirmatif de la tête, pris par l'émotion.

Deux nouvelles années s'écoulent au cours desquelles Hélène fait plusieurs séjours à l'hôpital, à la fois pour sa tumeur mais aussi à cause de l'alcool. Sa santé s'altère de plus en plus. Elle a des troubles psychiques qui ont nécessité des soins dans un établissement spécialisé.

Ses enfants ont voulu rejoindre la famille du père. Hélène parle sans cesse de sa fille :

– Elle ne vient pas me voir... Peut-être qu'elle viendra demain... Oui, elle viendra demain !

Dans le jardin de l'hôpital psychiatrique, accrochée au bras de son jeune frère, elle marche de plus en plus lourdement. Ils font le tour du magnifique parc plein d'odeurs d'arbres exotiques. Un pensionnaire innocent s'approche. Il veut étreindre Hélène, qui le repousse.

– Il n'y a que des fadas ici ! dit-elle avec un pauvre sourire.

Le petit frère écarte gentiment le promeneur affectueux.

Hélène s'accroche de plus en plus fermement au bras qui la soutient. Elle reprend, les yeux mornes :

– Mais pourquoi, pourquoi elle ne m'aime pas, cette petite ?

Ils prennent place sur un banc. Une belle lumière dorée de fin d'après-midi perce les feuillages et déploie une grande douceur dans le parc.

– Ne dis pas ça... Elle t'aime. Elle ne sait pas te le dire. Tu sais combien la mort de son père l'a bouleversée..., tente d'expliquer son jeune frère.

– Pourquoi ce n'est pas moi qui suis partie la première ?... Mes enfants auraient été moins malheureux...

– Tu es leur maman, ils ont besoin de toi...

Il ne sait plus que lui dire pour l'apaiser. Les mots ne viennent pas comme il le souhaiterait. Il est désemparé. La parole n'a plus de sens. Il la serre dans ses bras. C'est désormais pour lui la seule façon de lui faire sentir sa tendresse et sa compréhension.

Elle répète :

– Mais pourquoi elle ne vient pas, ma petite fille ?

Elle n'évoque presque plus le petit garçon...

Et brusquement elle ne bouge plus. Elle est prostrée, comme partie ailleurs dans ses souvenirs. Il la regarde longuement. Pour la première fois il voit ses cheveux blancs. Il la prend par le cou et l'embrasse tendrement. Il retrouve mystérieusement son parfum du passé. Il lui mordille le lobe de l'oreille, comme elle-même le lui faisait quand il était enfant. Elle gémit un peu, de plaisir. Quand il la raccompagne à sa chambre, elle lui demande d'une toute petite voix suppliante :

– Tu me rapporteras des gâteaux, quand tu reviendras ?

Il fait un signe affirmatif de la tête. En retraversant le parc, seul, il s'arrête sur le banc où ils se trouvaient tous les deux quelques instants plus tôt. Un moineau sautille avec innocence sur le dossier. Il est plein de vie. Le jeune homme regarde le petit volatile et éclate en sanglots.

La porte d'entrée de la boulangerie-pâtisserie tinte avec un joli bruit de grelot à l'ancienne. Il n'est pas bien sûr que quelques friandises apporteront un peu de douceur à la grande sœur. Il ne prête pas une grande attention au magasin, à la vendeuse, et aux clients très nombreux, en cette fin de matinée dominicale. Une odeur d'abord lui rappelle la boulangerie de chez Lopez. Il revoit les millefeuilles et les religieuses gorgées de crème autour desquels virevoltaient des dizaines d'abeilles insatiables. C'est la voix de la vendeuse qui lui fait lever la tête. C'est une jeune femme qui aborde la trentaine. Elle porte les cheveux courts avec une large frange noire sur le front. Elle le regarde et fronce les sourcils en déployant un magnifique sourire. Près d'une quinzaine d'années se sont écoulées mais ce sourire, il n'a jamais pu l'oublier. Il est inscrit profondément en lui. Et soudain se superpose sur le visage de la vendeuse celui de l'espiègle et turbulente Vivi la Cigale. Le souffle coupé, les yeux embués, il murmure :

– C'est toi ?

La réponse ne se fait pas attendre :

– Et qui veux-tu que ce soit, fada ?

La jeune femme reste les deux mains en l'air, avec

deux gâteaux qu'elle s'apprêtait à mettre dans une boîte. L'un d'eux glisse et s'étale sur le comptoir, immédiatement inondé de crème.

– Je t'ai reconnu tout de suite, moi... t'as toujours ton air empoté.

Elle a gardé son charmant accent aux intonations de fillette dévergondée. Lui, il est dans l'incapacité de dire un mot. Elle lui prend la main qu'elle macule involontairement de crème. Elle s'essuie à son petit tablier blanc. Il la scrute maintenant. Il la trouve toujours aussi jolie et s'étonne de redécouvrir aussi précisément les traits de son visage d'enfant.

– Eh oui, dit-elle avec une expression de fatalité, je suis boulangère... C'est comique, non ?

Elle marque un temps, attend une réaction qui ne vient pas et ajoute, comme pour se justifier et se donner un peu plus d'importance :

– Mais je suis la patronne, quand même...

Ils se regardent goulûment, fouillent ensemble dans leurs souvenirs. Les clients sont de plus en plus nombreux dans la boutique. Il dit tout bas en rougissant :

– La Cigale, tu es... tu es...

Sa phrase reste en suspens. Elle vient à son aide.

– Ta Cigale, elle est mariée... Elle a deux enfants...

Elle sert hâtivement une cliente qui s'impatiente et ajoute :

– Tu rougis toujours ? Tu es toujours timide alors...

Il a un geste d'impuissance.

– Tu as quitté la Capitale ?

– Pour quelques jours seulement, ma grande sœur est au plus mal.

– La pauvre, dit-elle, l'air sincèrement affecté.

La porte d'entrée tinte à nouveau. La boutique est bondée. Cela ne trouble pas davantage la Cigale. Elle poursuit en fouillant dans le tiroir-caisse :

– Elle était si belle... C'est très grave ?

Il dit oui d'une petite voix. Elle devine son chagrin et lui renvoie son beau sourire, celui de la Villa des Mimosas et du cabanon.

– Mon Dieu ! fait-elle, soudain affolée, j'ai plein de monde... Je te mets le téléphone, appelle-moi ce soir...

Elle griffonne sur un bout de papier qu'elle lui tend précipitamment. Il s'apprête à payer les quelques confiseries qu'il a commandées pour la grande sœur. Elle repousse son bras et dit :

– Ça ne va pas, fada! Il ne manquerait plus que tu payes!

Il sort lentement. Il a l'impression qu'ils ne se sont rien dit. Sur le trottoir, il se retourne et regarde à travers la vitrine. Derrière une pièce montée sur le sommet de laquelle trônent deux effigies de mariés, il aperçoit une dernière fois la frimousse de la Cigale. Elle lui fait un signe de la main.

Le soir il téléphone comme convenu. C'est le mari qui répond. Il explique qu'il est un ami d'enfance. Le boulanger dit une première fois avec un fort accent :

– Elle est pas là, ma femme.

Il marque particulièrement l'intonation sur le « ma femme » et ajoute sèchement :

– Elle travaille, on peut pas la déranger.

Il rappelle un peu plus tard avec une grande appréhension. Cette fois, le ton du boulanger est franchement hargneux, méfiant :

– Mais qu'est-ce que vous lui voulez à MA femme?

Il explique une nouvelle fois. Il évoque leur enfance, l'amitié, la tendresse...

– J'aime pas trop ça! répond le boulanger.

Il conclut, en mari jaloux :

– C'est pas la peine de rappeler, sinon ça va mal tourner!

Il raccroche brutalement. Le Petit ne reverra pas sa Cigale...

J'ai peur maintenant de ton visage gris. Ce sifflement qui te déchirait la poitrine a cessé. Je sais que tu ne m'entends plus. La maladie a fini par triompher. Tu es morte. Morte de solitude et de manque d'amour.

Cette fois, le ciel s'est fait méchant. Il est en accord avec la tristesse du jour. Les grêlons résonnent au-dessus de la chambre mortuaire. Comme tu me sembles petite, dans ce cercueil. Je pose un baiser sur ton front si froid.

L'appareil qui permet de maintenir ton corps à basse température fait un bruit indécent, comme pour bien m'indiquer que tu ne dors pas, que ce sommeil-là est bien éternel.

Je te regarde intensément. Ton visage n'a plus d'expression. C'est un masque sur lequel je cherche à reconnaître un peu de toi. Je ne te retrouve pas. J'ai envie de croire que tu es délivrée. L'adulte que je suis aujourd'hui se sent tellement « Petit ».

Je ferme la porte de la chambre mortuaire pour laisser éclater mes derniers sanglots d'enfant. Je voudrais te toucher... m'allonger près de toi... retrouver les traces de ton corps magnifique. Je voudrais défaire ce linceul qui t'emprisonne. J'étouffe.

On frappe. La porte s'ouvre. Jean est là. Je sais combien il t'aimait. Aussi passionnément que moi.

Les hommes des pompes funèbres entrent à leur tour et m'indiquent :

– Il est temps, monsieur...

Il faut fermer le cercueil. Ils glissent le couvercle lentement... trop lentement. Qu'il est long à s'effacer, ton visage. Je quitte la pièce pour ne plus entendre le bruit des vis qui s'enfoncent dans le bois. Ce bruit, comme je le déteste. Comme il fait mal. Comme il te coupe, cette fois, définitivement du monde, de nous, de moi.

L'orage redouble. Le balai des essuie-glaces ploie sous la violence de la pluie. On distingue à peine le cul du fourgon chargé de fleurs à une cinquantaine de mètres devant nous. Le grand frère conduit en silence. Les mains, le visage crispés, malheureux. Nos vêtements sentent le mouillé. Il murmure enfin :

– C'est incroyable, même son enterrement est terrible. Jusqu'au bout il faut que le destin s'acharne sur elle...

Des paquets d'eau secouent la petite automobile. J'ai chaud et je frissonne. Je repense à toute cette nuit passée à tes côtés, à te veiller. Je ne saurai jamais si tu as deviné ma présence.

A la sortie de la ville, la pluie se calme. A l'entrée du cimetière un rayon de lumière blanche perce symétriquement le ciel uniformément noir, épais...

Devant la porte de ce cimetière trop grand, Nathalie est là : mains dans les poches de son jean, en tennis et veste de survêtement. Ses cheveux, qu'elle porte très courts, sont plaqués par la pluie. Elle est seule. Le petit frère est resté chez un parent de la famille du père. Ainsi à l'écart, elle a l'air étrangère à ces funérailles. Elle ne regarde nulle part. Sa douleur est murée en elle. Je m'approche. Elle tourne la tête. Je pose ma main sur son épaule. Elle se dégage brutalement. Par ce geste, elle m'indique sa rupture avec toute la famille de sa mère.

Dans l'église, la cérémonie religieuse se déroule sans faste. Il y a peu de monde. Le curé n'a rien à dire de chaleureux sur cette inconnue qu'il enterre banalement.

Nathalie se tient près de moi, les deux poings crispés le long de son corps. Le visage contracté, elle se retient de pleurer cette mère avec laquelle elle s'est trouvée si souvent en conflit, en violence, en haine.

Je tente de glisser ma main dans la sienne. D'un geste vif, elle me repousse. Comme elle a l'air choqué, comme c'est difficile pour elle de masquer son chagrin. Pauvre enfant. Pauvre petite fille.

Dans l'allée qui conduit vers la tombe, j'essaie une nouvelle fois de défaire le poing crispé de Nathalie. Sa main est meurtrie par ses ongles qu'elle enfonce au plus profond de sa chair. On patauge dans la boue. Pressé d'en finir, le curé recommande hâtivement la défunte à Dieu. Le cercueil descend dans la terre inondée.

Nathalie ouvre soudain sa main, se jette dans mes bras et libère ses larmes si longtemps retenues. Elle murmure :

– Maman, maman...

Nathalie vient d'avoir seize ans.

Je reviens un peu plus tard sur ta tombe, grande sœur. Je suis seul. Le soleil qui a refait son apparition tente d'absorber les mares de pluie boueuses.

Je reste ainsi quelques minutes. Quelques minutes pour retrouver une dernière fois l'image de cette femme si belle, aimée, chérie. Je revois l'enfant qui attendait des heures, des journées entières ton retour ensoleillé. Quelques minutes pour évoquer une nouvelle fois, la vie, la misère de la famille, les douleurs de la mère, les violences, la folie du père, ton dévouement... Quelques minutes pour retrouver cet adolescent qui renaît par toi... qui découvre les livres, les premiers grands émois. Quelques minutes au cours desquelles je t'appelle et crie ma révolte contre ce destin qui s'est acharné sur toi. Toi qui m'as tant donné et qui m'as légué, malgré les violences multiples de l'existence, la force de lutter, l'envie de triompher de l'obscur et, par-dessus tout, la soif d'être, d'aimer la vie au pluriel, d'avoir le désir sans cesse renouvelé de partager avec le plus grand nombre l'espérance et le bonheur de vivre...

L'adulte que tu as contribué à faire ne garde de ses jeunes années tumultueuses que des souvenirs émus, colorés de soleil, de rires, d'exubérance, emplis de toutes ces senteurs méditerranéennes inscrites profondément en moi et qui ne me feront jamais oublier le « Petit » que j'étais. Je sais aujourd'hui combien l'enfant est un être fragile et combien il est nécessaire de lui donner du temps et de l'amour. Héritier de celui que tu m'as donné, je tente de le perpétuer à travers mes enfants et tous les enfants que je rencontre sur ma route.

Pour tout cela, par-delà le temps, la séparation, la mort, je t'aime, ma grande sœur...

Achevé d'imprimer en février 1995
sur les presses de l'Imprimerie Bussière
à Saint-Amand (Cher)

POCKET - 12, avenue d'Italie - 75627 Paris Cedex 13
Tél. : 44-16-05-00

— N° d'imp. 339. —
Dépôt légal : octobre 1993.

Imprimé en France